이보다
좋을순 없다

이흥순 시집

문학공원 시선 201

이보다 좋을순 없다

이흥순 시집

문학공원

서시(序詩)

세상 끝난 것 같은
방황을 멈추게 해준 너
절망의 밤 별빛으로 다가와
이도 저도 다 싫은 맘에
한 줄기 희망이 되어주었지
나에게 너는 살아가는 이유다
하루하루 빛나지 않아도 좋아
알아주지 않은들 어떠리
밤이고 낮이고 날마다
해마다 죽는 날까지

내가 차려주는 밥상
내가 만들어주는 옷을 입고
너는 나와 함께이면 된다

2022년 봄

이 홍 순 배상

차례

1부. e 편한, e 변한

2부. 오만과 편견

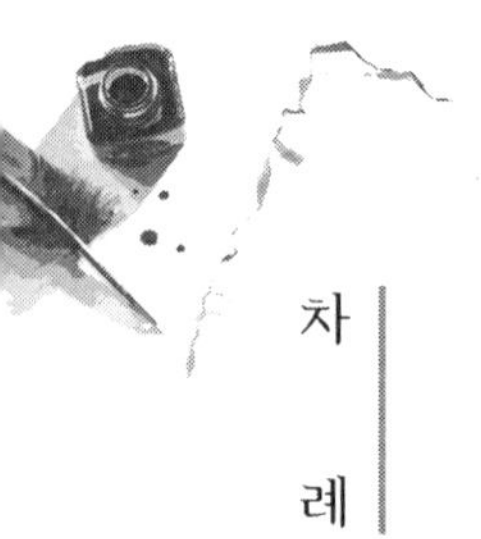

차례

3부. 찔레꽃 엄마

4부. 호수의 꿈

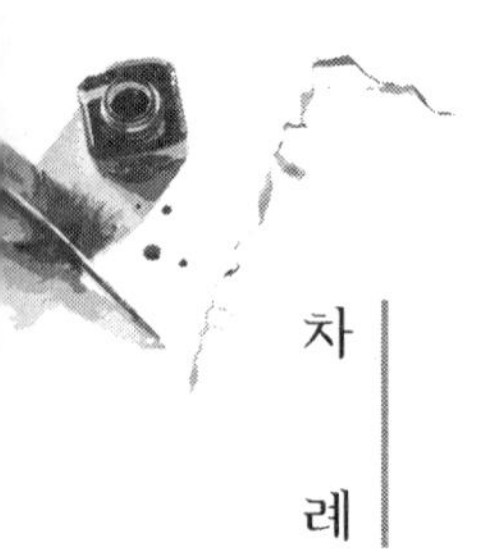

차례

5부. 불쌍한 영혼

1부

e 편한, e 변한

신도시 유감

야호!
고생 끝, 이젠 행복뿐이다

아침 티브이에서 나오는 '신도시개발' 뉴스를 보며
온 가족이 웃음 짓고 부모형제 춤을 춥니다
만원 한 장 아끼느라 걸어가던 십 리 길을
콜택시로 오고가고 자가용에 기사까지 곁에 두더니
새벽 함께 콩밭 매며
반백 년을 해로하던 조강지처 내보내고
하늘 같은 서방님 아침저녁 상 차리던
현모양처 요조숙녀는
억 억 위자료에 제 발로 나갑니다

자장면 한 그릇도 나눠먹던 형제자매
부모 유산 놓고 남남되어 등 돌리고
아침저녁 문안인사 부모님 만수무강
빌고 빌던 아들딸들 초상도 치르기 전
네 돈 내 몫 다툽니다

고생은 끝났지만 행복도 끝입니다

e 편한, e 변한

만보 걷기 산책을 끝내고 돌아오는 길
재래시장을 들렀다
좌판대 귀퉁이에서 마늘을 까고 있는 남자
쪼그리고 앉아 쪽파를 다듬는 할아버지
상추에 물을 뿌리며 야채 정리하는 아저씨

남사스럽다고 체면이 말이 아니라고
부끄럽다 하지 못하던 일들이
이젠 흔한 풍경이 되었다

장바구니 들고 아내 뒤를 따라다니며
유모차를 끄는 젊은이
출근길 음식물 쓰레기봉투를 들고 나오는 남편들
재활용 쓰레기 버리는 날은
아파트 남자들 상견례 날이다

아름다운 모습
e 편한 세상 부럽다가도
e 변한 세상
씁쓸해지는 나는 할머니

어떤 살생

단잠을 깨우던 매미소리 사라지고
귀뚜라미가 자장가 불러주는 새벽
여름 따라 떠나지 않은 모기 한 마리
불면의 밤 동침(同寢)을 원한다

엥…
딱!

손바닥엔 선혈을 뒤집어쓴
시체 하나
나와 혈액형이 같네
피를 나눈 사이지만
나는 그를 죽였다

미투

대권 주자 꿈이
미투 한 방에 날아갔다
동서고금을 막론하고
남자의 몰락 뒤엔 돈과 여자가 있다

꿈이 크다면
돈보다도 멀리해야 할 것은 여자다
가정과 아내가 있는 남자라면
더 그렇다

다른 여자를 만나고 싶으면
내 여자를 먼저 정리해야지
양 손에 떡은 먹다 걸리게 되어있다
너든 나든 새로운 누군가를 품고 싶다면
지금까지의 인연과는 결별해야한다

두 여자를 다 취한다면
그건 잘못을 넘어 죄다
벌 받아 마땅하다

바보들의 행진

지난해 미투 한방에 대권 주자가 감방으로 갔다
올해 또 미투 한 방으로
대권 잠룡이 영원한 잠에 들었다
미투 한 방이면 대통령의 꿈도
자신의 인생도 끝난다는 것을 알면서도
그들은 멈추지 못 한다
미투 한 방이면
삶이 추락하는 줄을 알면서도
참지를 못 한다
절제할 줄을 모른다
미투 한 방이면
모든 것이 날아가는 데도

바보들의 행진은 멈출 줄을 모른다

미스터리(mystery)

겉만 봐선
황소도 맨 주먹으로 때려눕힐 것 같이 생긴 사람이
잠자리 날개를 잡고 어쩔 줄을 몰라 한다
우렁찬 목소리만으로도
길 가던 행인을 망부석으로 만들 것 같은 사내가
맘에 드는 여인을 불러 세우질 못하고 쩔쩔 맨다

그의 詩를 읽으면 세상에 다시 없는 천사요
약한 자의 대변인 정의의 사도인데
온 가족은 그 부드러운 눈길,
조용하기만 한 언행에도 부동자세
움직이질 못한다

알 수 없다
세상일 알 수 없네

빙어의 꿈

끝이 보이지 않는 아득한 창공에서
하얀 꿈들이 춤추듯 내려와
심연(沈淵)을 알 수 없는
강물 속으로 사라져간다

깊어가는 겨울밤
하늘과 땅 사이 강물이 얼고
차가운 햇살이 빙판 위를 뒹굴면
두꺼워진 얼음장 위로
잃어버린 꿈을 찾아 모여드는 사람들
꽁꽁 언 강 한복판에 구멍을 뚫고
깊고 깊은 구렁 속에서
펄떡펄떡 살아 숨 쉬는 꿈을 낚아올린다

태고 적 어둠 속에서
白雪의 꿈을 먹고 살던 것들이
세상 밖으로 끌려 나와
아지랑이 되어
하늘로 하늘로 올라가네
다시 또
흔적도 없이 사라진다

표지그림

표지 그림 속
소녀가 책을 읽고 있다
무더운 여름 한낮
홀로 소파에 앉아
민소매 원피스를 입고
나름 얌전히 무릎을 올려 모았지만
두 발은 편한 자세로 독서 삼매경에 빠져있다
아무도 없는 집
누가 제 모습을 쳐다볼 거라고는
감히 상상도 못하고…

예술인가 외설인가
은밀한 관찰자의 눈을 소녀는 아직도 느끼지 못한다
죽은 듯 고요하던 ≪서울문학≫이
여름호 표지그림을 놓고 갑론을박 속에서 살아났다

예술로 보라는데 외설로 보는 눈들
예술임을 알면서도 외설로만 보이는 곳
그림보다 더 외설스런 독자들의 눈
독자들의 입, 그리고 말 말 말
작가도 분명 호기심 많은 인간의 본능
그 눈길들을 의식하지 않았을까…

끝이 아니다

끝이다 생각했다
혼자서는 아무데도 못 갈 거라고
겨울을 보내고
봄을 맞이하고
다시 여름
맘 변한 연인의 옷자락에 매달리듯
그 여름의 끝을 붙잡고
나는 길을 나섰다 배낭을 메고
하늘을 날고 바다를 건넜다

에펠탑을 오르고
만년설을 밟았다
산마르코 광장에서 에스프레소를 마시고
진실의 입에 손도 넣어보고
다시 오리라 맘먹으며 트레비 분수에 동전도 던졌다

베드로 성당 제대 앞에 무릎을 꿇고
이제 시작입니다
두 손을 모았다

부럽지 않다

지하철을 타기 위해 계단을 내려간다
오른쪽 난간을 잡고
한 발 한 발 조심조심

똑똑… 똑똑똑
굽 높은 구두가 내 곁을 급히 지나가더니
타다닥 탁탁 탁 운동화들이
빠르게 뛰어 내려가고
휙휙 옷깃을 날리며
달려가는 발걸음도 있다

경노우대증을 출입구에 댄 후
손잡이를 잡고 오른쪽에 서서
에스컬레이터를 타고 내려가는데
검은 구두가 나는 듯이 스쳐가더니
열차 문이 닫히려는 찰나
출발하는 지하철 안으로 바람처럼 들어간다

휘청하는 몸을 가누고
떠나가는 열차를 미소로 바라보며 바람에게 말했다
너 늙어 봤니 난 젊어 봤단다

부자가 되는 법

침묵이 금인 줄을 알면서도
금보다는 은을 찾아다니고
동을 찾아 헤맸다
욕심 없는 겸손이어서가 아니고
어리석음, 그 어리석음 때문이다
말하고 후회하고
후회하고 다짐하고
다짐하고 가슴을 치고
가슴을 치고

이제
내 맘 가득 금을 모으리
태산보다 높게높게
황금을 쌓으리라

종이꽃

새카만 고목 위에 아름다운 꽃 한 송이
벌 나비 날아오지 않는데
불어오는 바람 따라 나풀나풀
나목 가지에 매달려 저 홀로 춤을 춘다

차가운 가슴 속
앙금 같은 그리움이
머리 풀고 올라오고
가랑잎 같은 언어들이
버석버석 아우성을 친다

나는 지금 종이꽃을 접고 있다
향기 없다고 꽃이 아닐까
읽어 주는 이 없다고 시가 아닐까

푸드득 새 한 마리 날아와 고목가지 위에 앉는다
그래 너 하나면 된다
한 순간 불붙어 타오르는 종이꽃처럼
마른 갈잎 같은 시어들 모아
불꽃을 만들리라

교황의 분노

천 리 만 리 달려간 간절한 손길을
벌레를 떨어내듯 뿌리치며 소리쳐 화를 냈다
누가? 교황님께서…

전 세계인이 보고 있다는 것을 깜빡하셨는지
만고에 없는 무서운 표정과 불안한 눈빛으로…
코로나를 탓하기엔 너무 놀라워

밤을 지샌 우리는
천하에 교황님이 어제의 잘못을 사과하시고
직접 대면 용서를 구했다는 뉴스를 보며
안도의 한숨을 쉬었다
교황님도 나와 같은 인간
잘못하고 참회하고 다시 또 가슴 치고
무릎 꿇고 기도하시네
내 믿음만 부실부실 넘어지고 깨지고
성사보고 일어나고
내 탓이다 내 탓이다
내 가슴만 멍드는 거 아니었다
배꼽의 때 나만 있는 거 아님을
교황님의 분노는 우리 모두에게 희망을 주었다

헌신(獻身), 헌 신

착한 여자가 헌 신처럼 버려져 울고 있다
왜일까
뻔하다
헌신(獻身)한 탓

사랑도 우정도 그 어떤 관계에서도
일방적인 헌신은 눈물뿐
사랑은 희생
우정은 봉사가 아니다

너와 나의 관계는 윈 윈(win win)
서로 서로 헌신해야 유지된다
나만 혼자 헌신, 헌신 하다보면
정말 헌 신(old shoes) 꼴이 된다

추억 속의 전어

밀려드는 파도
여름을 떨쳐버리지 못하는
뜨거운 바다를 뒤로 하고
형형색색 늘어선 포장마차 속에는
아줌마가 아직도 살아 숨 쉬는 전어를
날렵한 손놀림으로 회를 치고 있었다

그 싱싱한 전어회를 새콤달콤한 겨자초장에 찍어
한 입 가득 먹고 소주 한 잔을 마셨다

빨간 숯불 위에 소금 솔솔 뿌려
앞뒤로 노릇노릇 구워
꽁지부터 입에 물고 뼈째 씹으면
전어의 고소한 맛이 가득
입안에 전어향이 남아있을 때
다시 또 마시던 두 번째 소주 맛

미나리 오이 당근 양파에
싱싱한 배 한 조각 넣어 초고추장에 버무려
기절해 숨도 못 쉬는 전어를 저며 섞어
한 젓가락 입 안 가득 넣으면

새콤달콤 야채와 함께 씹히던 그 맛
집나간 며느리도 돌아온다는 그 향에
다시 또 마시던 석잔 째의 소주 맛

그 언젠가 추억 속의 전어 맛이 그리워
나는 황금보다 더 귀한 시간을 내어
바닷가로 달려갔다

밀려갔던 파도도 다시 또 바닷물 가득 안고 돌아오고
마음 떠난 연인의 옷자락에 매달려
돌아서지 못하는 못난 여인처럼
그렇게 여름이 거기 남아있었다

코로나 有感

2년 전만 해도 나는 청춘이었다
70이 무슨 할머니냐고
나 자신도 그랬고 이웃도 인정했다
친구들 만나면 등산도 가고
하루 만 보 걷기 자랑하며
지금 나이에서 20을 빼야 한다고
아직은 젊다고 생각했다

그러나 코로나는 한순간에 나를
우리 모두를 노인네로 만들었다
티브이만 틀면 뉴스 때마다
60대 할머니들 70 넘은 노인네라 불렀다
방송 모든 프로에서 시시각각
60, 70을 할머니 노인네라 불러 대니까
밖에만 나오면 새파란 젊은 것들이
늙은이들 집안에 계시지 왜 돌아다니느냐는 듯
염려 밴 눈치를 준다

내 새끼들까지도 근심어린 눈빛으로
엄마 연세 생각해서 당분간
외출 자제하시고 건강 조심하셔요, 한다

이젠 코로나 바이러스보다
무서운 게 할머니 노인네
늙은이로 바라보는 눈빛이다

평창 동계올림픽

백두혈통 북한 김여정이
봄빛 같은 미소로 개막식 참석하고
폐막식엔 문재인 대통령과 함께
북한 김영철이
미국 대통령 딸 이방카와 나란히 했다
세상 바뀌지 않고
사람 변하지 않는다고 생각했는데
촛불로 세상 바뀌고
북한도 달라지고 있다
통일보다는 평화가 더 우선임을
전쟁은 전쟁만은 안 된다고
남과 북이 함께 입장하며
온 세계에 일깨워준다

지구가 둥근 이유

지구는 구른다
오늘도 구르고 내일도 구를 것이다
억만년 전부터 그렇게 돌고 돌았으니
둥글 수밖에

세월 따라 흐르고 흐른 우리
어제도 오늘도 내일도 흘러갈 것이다
돌고 도는 지구
흐르고 흐르는 너와 나
만약 지구가 네모라면
우리 마음이 세모라면

둥글어도 흐르고
흘러도 상처뿐인데
돌고 돌아야 하는 지구
멈춤 없이 흘러야 하는 우리 맘은
피투성이가 되었을 것

둥글고 둥글어 아름다운 지구
흐르고 흘러서 부드러운 마음

이유가 뭘까

뜰에서 풀벌레 울고
문틈 사이로 꽃향기 들어온다
장미가 웃고 양귀비꽃이 흔들리는 아침
바람이 분다
바람소리 들린다
샛노란 금계국이 활짝 피고
보랏빛 달개비 사이로 벌이 날아들어
꽃잎 사이로, 푸르름 사이로 춤을 춘다
내 나이 서른에도 꽃들은 피고
마흔에도 새들 저리 노래 불렀을 텐데
바람도 불었을 테고
뜰 가득 복숭아꽃이 피고
살구 익어 우루루 떨어졌을 텐데
왜 몰랐을까
봄이면 민들레 피고
가을엔 코스모스 하늘거리는 지를
왜 보지 못 했을까
왜 백합향기 맡지 못했을까
왜 벌 나비 날아드는 거 몰랐을까
왜 여름이 오고 겨울이 가는 거를 느끼지 못했을까
뜰 가득 피어있는 꽃들이 보이고

지지배배 노래하는 새소리 들리네

왜 이제야 아빠가 생각나고
엄마가 보고 싶을까
왜 이제야 눈물이 나는 걸까
왜 이제야 바람소리 들리는 걸까

착각

지하철을 탔다
경로석 빈자리에 앉으니 모두의 눈길이 나를 향한다
얼른 고개를 숙이고 책을 펼쳤다
맞은편 바닥엔 나만 바라보는 까만 구두
오른쪽 나이키 운동화는 웃기까지 한다
문 옆에 아줌마도 내 곁으로 와 선다

립스틱이 너무 붉은가 옷이 너무 야한가
등줄기에 땀이 난다
갑자기 등산화 신은 남자가 내 앞으로 온다
깜짝 놀라 일어서자 지하철 문이 열리고 그가 나간다

선 채로 사람들을 바라보았다
까만 구두 신은 할아버지는
가방을 끌어안고 눈을 감고 있고
나이키 운동화 주인공은
휴대폰 게임을 하는지 혼자 웃으며 떠들고 있다
내 옆에 서 있던 아줌마는 빈자리를 찾아가 앉는다

날 바라보는 이 한 명도 없다
아무도 나한테 관심 없다

어느 누구도 내게 신경 안 쓰는데
그동안 나는 뒤통수와 앞이마에
타인의 눈총을 매달고
남을 의식하며 살았다

커피 연정

앗! 성급히 다가가기엔
오늘도 넌 너무 뜨겁다

나의 놀람에 남아있던 어둠이 도망가고
끝 모를 지구 저 편에서 달려오는
불덩이를 느끼며 두 손으로 널 감싼다

조심조심 한 모금 마시고 바라보고
두 모금 마시고 향에 취한다
아침 안개처럼 젖어드는 너
난 눈을 감는다

너를 처음 만나던 날
한낮의 열정에 놀라 잡은 손을 놓았었지
이젠 익숙해질 때도 됐는데
언제나 내 맘은 급하고
넌 쉬이 식을 줄을 모른다

아직은 새벽
오늘도 나는 너와 한 몸이 되어서야
정신을 차리고 하루를 시작한다

2부

오만과 편견

詩에게

너를 만나고 싶다
네가 누군지 알고 싶어
네가 뭘 좋아하는지
너에게 어떤 옷을 입혀야 빛나는지

보고 싶다
저 먼 길을 너랑 함께 걸어가고 싶다
네게 맞는 모자를 씌우고
네게 어울리는 옷을 입히고
네게 편한 구두를 신기고
너랑 같이 나란히 손잡고 서고 싶다

꽃이 피면 꽃향기에 취하게 해주고
비가 오면 비를 느끼게도 하면서
세상을 보여주고
내 맘도 알게 해주고 싶다
그렇게 네가 나고
그렇게 내가 너인
그런 삶을 살고 싶다

詩와 詩人

시인의 꿈을 안고 먼 길을 찾아갔다
그의 시집을 사고
그의 시를 읽고
그의 시를 외우며

詩처럼 따뜻하고
詩語들처럼 정의로울 거라고
첫사랑을 만나듯
가슴까지 두근두근

오랜 기다림 끝에 나타난 詩人
오만한 태도 내려다보는 편견의 눈빛
반나절을 달려간 그리움을
만나준다는 적선의 말투

아아, 讀者를 만나는데 봉투까지 챙기는 손
詩와 詩人은 다르구나
돌아오는 길 흐르는 섬진강 물에
시인의 꿈을 던져버렸다

오만과 편견

문학을 한다면서
등단은 사치고 허영이라 손사래쳤다
공감의 詩 한 줄 쓰지 못하면서
너도 나도 다 작가 작가 한다고 경멸했다

가랑잎 소리에 잠 못 들고
한 송이 낙화 앞에서 눈물 쏟으며
그 순간 그 느낌의 단어를 찾아
상처투성이 새벽을 맞는 불면의 나날들을 폄하했다

산고의 고통을 모르니
잉태의 기쁨 출산의 희열을 어찌 알랴
아픔 없는 글
재능도 부족
교만만 가득
부끄러움조차 몰랐다

늦지 않았다고 말해 줘

꿈을 펼치고 싶었다
자유를 찾아 떠나고 싶었고
일탈의 기쁨도 느껴보고 싶었지
그러나 헛된 희망이다
맘을 달래며
가슴 속에만 묻고 살았다

어느새 황혼
노을 지는 언덕에서
홀로 석양 바라본다

이제라도 접었던 날개 펴고
하늘 높이 날아 볼까나
늦지 않았다고 말해 줘

모르는 게 약

말하지 마
보여주지도 마
한 가지 자랑하다가 열 가지 흉 잡힌다
묻지 마
궁금해 하지도 마
남이야 전봇대로 이빨을 쑤시던
요강에 밥을 말아 먹건 상관하지 마
설명도 마
변명도 마
내가 나를 모르는데
그가 내 맘 어찌 알겠니
알려고 하지 마
상상은 더욱 금물
그 아픔 대신 할 수 없는데
내가 어찌 그를 이해하랴
말하면 상처고 알면 다친다
옛말이 맞다
모르는 게 약이다

위선(僞善)

누가 말했나

詩人은 꽃향기에도 쓰러지고
봄바람에도 흔들려야 한다고
詩는 아름답고 희망적이어야 하며
기쁨이고 웃음이고 행복이어야 한다고
도대체 누가 시는 부드러워야 하고
사랑뿐이어야 한다고
누가 시인은 아름다워야 한다고 했는가
爲善이다

인생이 고뇌고 온통 고통뿐인데
어찌 아름다울 수만 있을까

마지막 사치

능력 밖의 꿈인 줄 알면서도
낙엽 한 잎 들고 와 밤을 새우고
허영이고 허세다 하면서도
갈비 오는 소리에 잠 못 이룬다

어느새 황혼
낙엽 위로 눈비 내리는데
누가 뭐래도 책 한 권 내고 싶다
작가 이름 달고서
오로지
네 맘 한 번 훔치고 싶다
내 글 한 줄로…

문학이란

황혼 언덕에서 나의 인생
나의 꿈을 생각합니다
강산이 변하는 세월에 젊음과 청춘을 흘려보내고
아내 며느리 엄마라는 이름의
책임과 의무에서도 벗어나
다섯 아이의 할머니가 되어 시작한 詩공부
능력 밖의 꿈을 꾸는 것은 아닌지
허영이고 사치다 싶어
주저하며 멈춰서길 여러 번
그러나 이제 문학은
내 남은 삶에 꿈과 희망이 되어
보람을 주고
살아가는 이유가 되어줍니다

自尊心

이육사처럼 멋진 詩
윤동주 김소월처럼 아름다운 시를 쓰고 싶다
그런 시를 쓰게 되면 내 詩集 한 권 내야지
신춘문예에 당선되면
문학상이라도 받게 되면 출판기념회를 할 거야

名詩를 쓰리라 명시를…
벼르다 맞은 七旬

바보 같은 생각하네
왜 남이 인정해줄 때를 기다리니
내 감정 내 느낌
내가 쓴 내 글로
내 책을 만들면 되는 것을…

책에 관한 단상

이 넓은 세상
나 홀로 뿐이라는 생각이 들 때마다
내 곁을 지켜준 너

너는 긴긴 불면의 밤을 견딜 수 있게 해주었고
순간순간 나만 힘든 게 아님을 알려주며
살아갈 수 있는 힘을 주었다

고비다! 느껴질 때마다
네 품에서 꺼내 읽던
밑줄 친 한 줄 문장

길을 잃고 헤매는 나에게
갈 길을 알려주고
막막한 어둠 속에서 등불이 되어준 너

오늘도 나는 홀로 버틸 수 있는
힘과 지혜를 주는 너와 함께 한다

부활

갑자기 느닷없이 죽었던 五感이 움직인다
땅 속에 묻혀 송장이 된 줄 알았는데
오래 전 태워 하늘로 날려버린
시체들이 살아서 돌아온다
꺼지지 않은 불씨가
잿더미 속에 남아있었다니
이렇게 다시 부활할 수 있다니

뭐지? 이 feel
빙하 속까지 얼어붙어
무엇도 생존이 불가능하다는
북극에 새끼 곰이 걸어 다닌다

Don't look back

인생에서 가장 후회되는 순간
그때 그러지 말 것을
만일 이러이러했더라면
왜 그랬을까?
시간은 더디지만
세월은 빠르게 흐르고 그날은 지나갔다
자책하지 말자
후회하지 말자
회한(悔恨)은 이제 그만
우리네 삶에 가정(假定)이란 없다

뒤돌아보지 말자

이보다 좋을 순 없다 · 1

침대에 반쯤 누워
커튼 사이로 들어온 아침 햇살이
이불 끝자락에 머물다 방바닥을 지나 벽을 타고
천정으로 올라가는 것을 바라보며 커피를 마신다

창문 틈으로 바람이 들어와 커튼을 흔든다
뜰의 대나무들이 온몸을 흔들며
내는 쏴쏴 소리를 들으며
소파에 기대어 티브이를 본다

맛있게 구워진 고구마를
동치미와 함께 먹고 아점을 때운다
엊그제 사 온 책을 읽다가
소파에 누워 깜빡 단잠을 자고
맛난 콩밥에 고기 몇 점 구워
이른 저녁을 먹는다

다시 또 커피 한 잔…
따뜻한 물에 반신욕을 하면서 시 한 편을 생각하고
치즈 한 쪽을 안주로 술을 마신다
한 모금 한 모금

단풍처럼 붉은 와인을 넘기니
씁쓸 달콤한 행복에 온몸이 짜릿하다
알알한 취기로 밤이 깊어간다

이보다 더 좋을 순 없다

이보다 좋을 순 없다 · 2

사과 한 쪽으로 아침을 때우고
침대 위에서 커피를 마신다
한낮 소파에 기대어 티브이를 보고
저녁이면 입맛 당기는 걸로 외식도 한다
어둠이 찾아오면 풀벌레소리 들으며 뜰을 거닐고
한 잔 술에 낙엽 밟으며 시인이 되어본다
밤하늘 은하수에서 견우직녀를 찾으며 별을 세고
동이 틀 때까지 책도 읽는다
푸른 하늘 흰 구름 되어
산을 넘고 바다를 건너 여행도 한다

나는 Single,
외롭다고라?
호강에 겨워 요강 깨는 소리하지 마소
지금이 내 인생의 황금기라오

지금(只今)

예전에 그가 말했다
깊이 생각하지 마
넌 매사 깊이 생각하는 게 탈이야
맞다 내가 내 발목을 잡고 있었다

과거는 과거
넌 이미 흘러갔고 되돌아올 수 없다
뛰어가도 잡을 수 없고 붙잡아도 돌아서지 않는다

그래 내 발목을 내가 잡고 살았네
그냥 가자
과거가 현재를 어쩌겠니

난 지금을 살면 된다

I am I

1.
지금 이 나이에 내가 누굴 닮으리
누구처럼 되고 싶다고 애를 쓰랴
닮고 싶다고 닮기나 할 것이며
되고 싶다고 그리 되겠느냐

생긴 대로 배운 대로
나대로 살자
70년 만들어온 나를 지키며
나로 살면 되는 것을

욕심 부리지 마라
지금 내 모습 그대로
보여주고 표현하고 글을 쓰자
나는 나다

2.
누구 딸 누구 동생
허울을 벗고
누구 마누라 뉘 집 며느리
세월 따라

흘려보내니
누구 장모 뉘댁 사돈이
이름 앞에 또 붙는다

누구의 누구누구, 누구
착각하지 마
아무도 신경 안 써
눈치 보지 마라
너에게 관심 1도 없다

나는 나
나로 사는 거다

3.
너의 말에 상처받지 않는다
세상 눈길 의식하지 않는다
누구의 삶 또한 부러워하지 않는다

너는 너고 나는 나다
나는 나 내 길을 간다

꿈

핏빛 립스틱을 바르고
흑장미 매니큐어를 칠했다
새빨간 입술에 붉은 손발톱
머리에 장미꽃 달고 북한산을 오른다
별도 달도 없는 깜깜한 밤하늘을 향해
그의 이름을 소리쳐 부르다
잠자리 날개 같은 옷자락 휘날리며
백운대 절벽 위를 날아올랐다

우우우…

내 마음

꽃을 보면 꽃처럼 살고 싶고
구름을 보면 구름이고 싶다
바람이 불면 바람 따라 흐르고 싶고
바다에 가면 산산이 부서지는 파도이고 싶다
산에 오르면 사계절 푸르른 노송이고 싶고

비가 오나 눈이 오나 바람이 부나
변함없는 침묵의 암벽이고도 싶다

옛말이 맞다

우리가 살면서 생기는 일들 중
그 일이 왜 일어나는 지
알 수 있는 것들이 얼마나 될까
이유도 모른 채 가슴 아프던 순간
위로 걱정 충고의 따뜻하던 그 미소
시간이 흐른 뒤 수면 위로 떠오르는
진실의 가랑잎 하나
옛말 그른 게 없다

열길 물속은 알아도
한 길 사람 속은 모릅니나

독백

이미 흘러간 물이다
되돌릴 수 없는 세월이다
어찌해 볼 수 없는 날들이다
지나간 일이다
과거는 과거다
지금 이 순간만 생각하자

10년 전처럼 망설이지 말고
20년 전처럼 열심히만
30년 전처럼 미련스럽게
40년 전처럼 무조건
50년 전처럼 철없이 살지 말자

후회도 이젠 그만
자신을 사랑하며
하고 싶은 것도 하면서
잘 먹고 잘 입고 잘 놀고 잘 쓰고
건강 챙기며 오래오래 살아 보자
그렇게 살아 보자

불면

불면을 핑계로 마신 술 한 잔
입술을 적시고
혀끝을 톡 쏜 뒤
목을 타고 내려가
잠자던 내장을 깨운다
배꼽 아래를 전율케 하고
발가락 신경까지 건드린 후
연어처럼 척추를 타고 되올라 와
머리카락 곧추세운다

잠은 노 나 샀나

나도 모른다

좋아한다는 그를 밀어내고
돌아선 너만 생각한다
왜 나는 안 되는데?
그 눈길 외면하고
오늘도 침묵뿐인 네 등만 바라본다

왜 그가 아니고
너뿐인지
나도 모른다

그립다 청춘

뜨거운
열기가 푸르름 속으로 숨어들자
별빛 가득한 관악산 골짜기는 젊음으로 넘쳐났다
우우우 원 투 쓰리 콰드로
울리브리 울리블리 울리블리…
기타소리에 맞춰 몸을 흔들며
Indian Reservation,
그 슬픈 노래를 신이 나 합창했다

모닥불이 청춘처럼 탁탁 소리를 내며 타오를 때
쏟아진 한여름 밤의 폭풍우에 텐트 무너지고
어두움 몰려들고 비바람 불었지만
양 같은 개구쟁이들 양 같은 개구쟁이들
인디언처럼 바위 위에 올라 어깨동무하며
Cherokee people Cherokee tribe
비를 맞으며 발을 구르며 목청껏 소리 질렀다
별도 달도 없는 밤하늘을 향해
태양이 떠오를 때까지
So proud to live So proud to die
햇살이 퍼지는 고요한 아침
기타를 치며 그가 노래를 불렀다

"잊지 못할 빗속의 여인…"
나는 지금도 잊지 못한다
동트는 새벽 계곡물 따라 흐르던 목소리
목소리 그 목소리…

슬픈 이별

의사가 말했다
퇴행성관절입니다 이젠 꿈을 접으셔요

빨강 구두 까만 구두 꽃이 달린 샌들까지
아끼고 사랑하던 구두들을 골라냈다
나와 함께 봄을 노래하고 여름을 춤추던 샌들
단풍 길을 함께 걷고 겨울 눈밭을 뛰던 소중한 구두
아깝지만 버려야한다

내 젊은 날을
화려하고 아름답게 가꾸어준 하이힐
굽만큼 높던 꿈들과도 이젠 바이바이다

이별은 언제나 슬프다

3부

찔레꽃 엄마

메꽃 그리움

양지바른 길섶 연분홍 메꽃 앞에서
멈춰 선 발걸음 눈물 한 방울 떨군다
먼 옛날 눈부신 햇살 아래 피어있던 꽃
엄마는 콩밭 속으로 들어가 보이지 않고
나는 이랑 사이 그늘에 앉아
작고 창백해 보이는 꽃을 바라보고 있었다
한참 후 나타나 머리 수건 벗어 땀을 닦으시며
보랏빛 가지 건네주시던 어머니
"엄마, 이 꽃 예쁘다"
"메꽃이란다"
희디흰 분홍빛으로 피어 있던 작은 꽃

볕 뜨겁던 여름날 병실 침대에서 어린 딸에게
"머리 좀 빗겨다오"
쪽을 풀어내니 삼단같이 긴 머리칼
내 빗질 따라 흔들리던 엄마는
분홍빛 미소를 보여주고 가셨다

지금도 나는 연분홍 메꽃을 보면
엄마가 그립다
엄마가 그립다

칠순 할머니도 엄마가 그립다

어머니…
그 이름 불러본 지 너무 오래
엄마란 단어는 더 까마득

어머니란 그 이름을
누가 처음 만들었을까
엄마…, 라고
맨 먼저 누가 불렀을까

내 나이 앞에 7자가 붙으니
소월의 진달래꽃만큼이나 그립고
아픈 이름, 어머니…

세 살짜리 손주처럼
자꾸 불러보고 싶은 이름
엄마, 엄마…

어버이날에

내 나이 벌써 칠순
아버지보다 내가 더 오래 살고 있네
사랑합니다 사랑합니다
한마디 말 못하고 효도 한 번 못했네
하늘 같은 은혜에 감사 인사 한 번 없이
결혼 후 단 한 번도 안부전화조차 드린 적 없었으니
몰랐다 철없었다 살기 바빴다
이유가 안 되는 불효였음을…

이제와 내가 할 수 있는 일은
미사 한 대 봉헌 뿐
“주여 제 잘못 용서하여 주시고
아버지의 영혼이 천국에서
평화의 안식을 얻게 하여 주옵소서”
두 무릎 꿇고 기도합니다

사라진 고향

사철 흙먼지 폴폴 날리던 신작로가
파도처럼 일렁이던 보리밭이 간데없다
개나리꽃 화관을 쓰던 친정집 담 울타리
진달래 살구꽃 만발하던 뒷동산도 사라졌다
황금물결 출렁이던 김포평야 어데 가고
서늘한 갈바람만 허공 속에 맴을 도네

너와나 손잡고 뛰던 들판
오곡백과 무르익던 논과 밭
버선발로 반겨주시던
어머니 아버지도 지금은 없다

어쩜 좋으니, 아무리 둘러봐도
네 모습은 보이지 않고 아파트 숲뿐이로다

찔레꽃 엄마

불면의 밤
나를 불러내는 이는 누구인가
어둠이 남아있는 새벽
푸르름 가득한 숲
하얀 꽃무덤 위로 안개비 내리면
불어오는 바람에 젖은 몸을 말리며
온 산을 돌고 돌아
내게로 오는 당신

유월이 오고 보름달이 뜨면
밤하늘별보다 더 빛나던 하얀 꽃 찔레꽃
찔레꽃 향기 안고 하늘로 가신 엄마

길고 긴 이별보다 더 아픈 그리움
보고 싶은 엄마
은하수 따라 흐르고 흘러
꽃향기로 날아드네

봄을 만나다

할머니…
세 살짜리 손자가
노랑병아리 같은 입으로 나를 부른다
봄빛 같은 눈동자
솔잎을 헤치고 나오는 고사리 같은 손
가지마다 돋아나는 은행잎 닮은 발가락
고물고물 꼼지락 꼼지락
이제 막 배운 걸음마로
하얀 이 서너 개 드러내며 달려와
두 팔 벌린 품에 안기면
메마른 가슴이 봄비 맞은 듯 촉촉하다
겨울인가 싶던 내 몸 구석구석에서
푸른 희망이 꿈틀거린다

저 아이가 초등학교 들어가는 건 봐야지
장가가는 모습도 보고 싶네
내 꿈은 어느새 새싹처럼 쑥쑥 자란다

룰루랄라
오늘도 나는 야무진 꿈을 안고
봄을 만나러 간다

봉숭아 생각

담 밑에 봉숭아꽃 피기 시작하면
엄마는 일곱 살 어린 딸 연분홍 손톱에
빨간 봉숭아물을 들여주셨지

여름이 다 지나가는 달 밝은 밤
끝물 봉숭아꽃마저 따다가
붉은색 남아있는 막내딸 손톱 위에
백반 넣고 빻은 봉숭아꽃을 얹어
살살 칭칭 동여매주시면서
첫눈 오는 날까지 꽃빛 남아있으면
백마 탄 왕자님이 찾아온단다

사랑이 뭔 줄도 모르는 어린 딸에게
동화 속 왕자님 얘기해주시며
갑갑하고 저리더라도
아침까지 꾹 참고 잠 잘 자라고
이불 위에 두 손 올려주시던 엄마

아마도 먼 훗날
내 딸만큼은 사랑 때문에 맘 아프지 말라고
해마다 해마다 여름밤이면

봉숭아물을 들여주셨는지도 몰라

이제는 알 것 같은 엄마의 맘
봉숭아 꽃피는 여름밤이면
친정 엄마 생각에 눈물납니다

호시절

번갯불 번쩍했다
눈멀고 귀 막히고 무서운 게 없었다
결혼이 뭔 줄 아느냐 부모형제 근심걱정
철없는 막내딸은 웃음으로 흘렸었다
아무 것도 보이지 않고 어떤 소리 들리지 않았다
사랑이 뭔 줄도 모르고
사랑 하나면 된다고 소리 소리쳤었다
두 눈 말갛게 뜨고 젊디젊은 열정만으로
절벽 아래 세상 속으로 뛰어들었다
깊은 바다 속 용궁도 보고
깜깜한 밤하늘에 별노 날노 봤었나
굶주린 상어도 두렴 없이 만나고
검푸른 파도에 솟구쳐도 보았다

그러나 사랑만으론 우리 결혼을 지킬 수 없고
용기만으론 험한 세상 이길 수 없음에
눈물 콧물로 베개가 젖어들 때는
안고 업고 걸리는 내 새끼가 셋
때는 이미 늦었다
사는 수밖에

희로애락 다 견디고 노을 지는 언덕에서
눈물 없이 웃음으로 되돌아본 세월 중에
그래도 그때가 제일 좋았다

그 엄마에 그 딸

내가 괜찮다는데 엄마 왜 그래
사랑에 눈 먼 딸은
힐러리처럼 가르쳐 놓았더니 말만 잘해요
신혼여행 보내 놓고 찾아간 딸집
장정 같은 두 남자가 인사를 하네요

누구? 누구신지…
아, 시골형님 그 조카들
서울대학 붙었다고 자랑했었지
양손에 들고 간 반찬들까지
놀래서 제자리 찾지 못하고
철없는 내 옛 모습 보는 것 같아
냉장고 문만 열었다 닫고
새 살림에 눈길 한 번 주지 못하고
터덜터덜 땅만 보고 돌아왔습니다

먼 옛날 나도 내 부모님께
결혼만 결혼만 허락을 빌며
한평생 라면만 먹고 살아도 좋다고
괜찮다고 걱정 말라고 하면서
열두 식구 맏며느리 되었었지요

조카들 대학 4년 군대 2년에
신혼시절 6년여를 함께 보내고
취직해 독립하니
제 새끼가 둘
에고고
좋은날들 다 지났다며
손녀 둘 끌어안는 엄마를 보고
딸이 누굴 닮아 엄마를 닮지
친정엄마 한숨 섞어 따라 웃으며
이 헛똑똑아
닮을 걸 닮지!

봄날 아침

봄날 아침에 라일락 한 가지 꺾어다
소주병에 꽂아 놓았다

향기가 취한 듯이
온 집안을 휘돌아다닌다

꽃은 술에 취하고
나는 향기에 취하네

꿈속의 그

그가 왔다 갔다
잠시 머물음도 없이 스쳐가는 바람처럼 다녀갔다
갈 곳이 따로 있는 듯 타인처럼 들어와서는
앉아보도 않고 남의 집 둘러보듯
그렇게 이곳저곳 돌아보더니 갔다
그도 나도
반가운 눈빛 한 마디 말도 없었다

꿈속의 그는 그냥 客이었다
손님만도 못했다

아픔만큼 성숙

눈물보다 분노가 앞섰습니다
슬픔보다 기막힘이 더 컸습니다
어쩜 이럴 수 있느냐고
왜 나에게 이런 일이 생기는지
세상일 다 주관하신다는 분이 계시는
하늘에 대고 종주먹을 쳤습니다

아무리 바쁘셔도 그렇지
그동안의 많은 기도 어찌하고
내 사람을 지켜주지 않았느냐고
전지전능하다는 것 다 뻥 아니냐고
코웃음에 비웃음도 섞었지 싶습니다

그렇게 세월이 흐르고 흘러
눈물 콧물에 딱지 생기고
슬픔도 기막힘도 지쳐 가라앉을 때
체념인지 포기인지 모를 믿음이
흐르는 물결 위로 앙금을 풀어
푸른 풀잎을 띄웠습니다

나도 함께 흘러 흘러가면서

들여다본 이웃 풍경
나만 아픈 게 아니었음을
나만 힘든 게 아니었음을
내 불행은 불행도 아니었구나
나는 저렇게는 살지 못했음을 이제야 깨닫습니다

이웃의 아픔이 내 아픔이 되어
차디찬 내 심장에 뜨거운 피로 흐릅니다

그가 왔다 갔다

끝을 알 수 없는 수평선
아득히 먼 곳에서 죽은 듯 침묵하던
바다가 움직이기 시작한다
꿈틀꿈틀 출렁출렁
하얀 거품을 물고 성난 짐승처럼 달려온다
깜깜한 어둠 속 함께 가자
함께 가자 밀려 밀려오는
파도 파도 파도…
노 노… 노… 노
뒷걸음치는 해변의 모래들

부서지고 깨어지는 파도처럼
그가 왔다가 갔다
그가 내게서 점점 멀어져 갔다

한 번 더

내 나이 서른 열두 식구 삼시세끼 준비하면서
길면 20년 짧으면 10년이라며
바라본 50은 까마득했다

그 쉰이 되었을 때 다시 한 번
길면 20년 짧으면 10년이라며
70고개를 끔찍하게 생각했지

지금 홀로 칠순 앞에서
길면 20년 짧으면 10년이라며
두 주먹 불끈 쥔다

까마득하던 쉰
끔찍할 것 같던 칠십을 보내고
달려가는 마지막 구십은 생각만으로도 황홀하다

눈부신 90을 향해
다시 한 번 더
고 고 고!

화양연화

아무도 없는 길을 둘이 걷지 못했다
보는 이 없어도 손도 잡지 않았다
누구도 모르는데 땅만 쳐다보며
세상 눈이 두려워 포옹 한 번 없었다
그날들은 그렇게 시나브로 지나갔고
우리에게 남은 건 아무 것도 없다

그래도 그때가 내 인생 최고의
꽃 같은 시절

백수찬가(白手讚歌)

달콤한 오수(午睡)에서 깨어나
눈물 한 방울

떠나버린 청춘
지나간 젊은 날
흘러 흘러간 세월들
지금 내 곁에 없는 것들은
다 그리움

70 넘어 백수로 살기 위해
나 얼마나 눈물 콧물 땀 흘리며
젊은 청춘을 세월에 흘려보냈는지
지금의 고위직 백수는 공짜로 얻은 것 아니니
이젠 맘껏 누리리

기특하다 장하다
내 등, 내 배 두드리며
오래오래 누리리
살아보니 알게 되는 것들에 감사하며
누리리라 누리리라

한여름 밤의 꿈

삼복더위 속
칠순 넘긴 동문 아들 결혼 소식에
내 마음은 순간 타임머신을 탄다
청첩장 받아 들고는 가슴까지 출렁출렁
며느리 맞는 친구에게 축하 인사보다
우연을 핑계로 보고픈 첫사랑 생각뿐
콤팩트에 볼터치까지
예쁜 원피스에 굽 높은 구두도 신었다
신랑 신부 안중에도 없이
할매 할배들 동창회가 돼버린 예식장
반갑다 반가워 마스크에 가려진 미소
알길 없는 표정 그 눈동자
악수를 핑계로 잡아보려던 두 손
코로나19를 이유로 스쳐 지나가고
눈길조차 나누지 못한 채
금쪽같은 시간 어느새 흘러흘러
婚主부부 감사 인사까지 받고 나니

우리 모두 안녕, 안녕 인사를 했다
한여름 밤 꿈결 같았던 그와의 만남

싱글 삼총사

30대의 청상과부를
모나리자 화장지 들고 찾아간 50대의 미망인
대궐 같은 아파트에
70에 남편 보낸 새까만 싱글 후배가
먼저와 나를 반긴다

산전수전 공중전까지 치루며 살았다는 선배를
장하다 대견하다 등 두드려주며
아직도 눈물이 마르지 않은 후배를 끌어안았다

강산이 변하는 세월 세월
홀로 걸어온 언덕 길 이제는 함께 걷자
함께 가자 손을 잡는다
우리는 소꿉친구 싱글 삼총사

친구야

따뜻한 봄이 오면 꽃구경을 가자하고
낙엽 지는 가을 되니 단풍놀이 불러 주네
비 오는 여름날엔 우산을 받쳐주고
눈 내린 겨울 길은 함께 걷자 손을 잡네

어느 형제 어느 자식이 너와 같으랴
혈육보다 나를 더 이해해주고
가족보다 나와 함께 더 오래 있어주는
노을 지는 내 황혼녘엔 너밖에 없다
힘들고 막막할 때 망설이는 등을 밀며
절망 속에 주저앉는 내 손을 잡아준 너
기쁠 때 함께 웃고 슬픔도 같이했지

외롭다 말하기 전 나에게 달려오는
너와 걸어가리라, 남은 날들을

화려한 외출

현모양처 요조숙녀가
행주치마 벗어놓고 대문을 나선다
절대 문밖을 못 나갈 것 같던 여자가
닳고 닳은 슬리퍼를 벗어놓고
샤넬라인 원피스에 다이애나 모자를 쓰고
네 네네만 하던 입술에 붉은 매니큐어 바르고
굽 높은 하이힐을 신고서 대문을 나선다
노 노 노를 외치며 화려한 외출을 감행한다

집에 비단을 놓고 밖에 나가 삼베를 걸치려던 남자
헛 군데다 삽질만 하더니
제 발등 제가 찍고 먼 산만 바라보는데
한번 나간 그녀는 돌아오지 않았다

회상(回想)

세월 가면 잊혀진다고
시간이 해결해준다고
말이야 쉽지…
추억은 아름다운 거라고
우리는 그 추억을 먹고 산다고
모두 다 새빨간 거짓말이었다

세월 뒤에서 시간 앞에서
간절함이 보고픔이 무뎌지고
멀어지고 희미해져가도
뜨겁던 여름 가고 스산한 바람 불면
다시 또 나는 가을 달빛에도
들국화 코스모스처럼 흔들렸다

깜깜한 어둠 속에서 밤송이 떨어지는 소리
툭툭 깨어나는 그의 얼굴
밤(栗)이 익어가네 그리움이 쌓이네
밤(夜)이 깊어가네 그리움만 쌓이네

4부

호수의 꿈

立春

베란다 구석 깜장 비닐 속에서
감자가 푸른 싹을 틔우고
라일락 가지 끝에는
연둣빛 잎눈이 보인다

군데군데 겨울이 남아있는 뜰에
봄기운이 시나브로 스며들고
마른 가랑잎을 들추는 땅의 입김에
겨우내 굳은 흙이 꿈틀꿈틀
마른가지 어딘가에 슬어놓은
곤충의 알들도 씀지닥서닌나

고물고물 부시럭부시럭
삼라만상이 들뜨는 立春
내 마음 좀 설레어도 괜찮지 않을까

파도와 절벽

밤이고 낮이고 소리 없이 다녀가더니
언제부터인가 왔다 간다는 흔적을 남기고
이젠 하얀 물거품으로 적시고 간다

끊임없이 밀려드는 파도
흠뻑 젖은 채 말이 없는 절벽
급기야 너는 철석철석 나를 깨우고
침묵하는 내 앞에서 온몸으로 부딪히며
산산이 부서지고 사라져간다

별도 달도 없는 깜깜한 밤
쩍…, 어둠을 가르는 소리
해안의 절벽 한 쪽이
파도 속으로 떨어져나갔다

복숭아나무

비 오고 바람 불고 천둥 번개 치던 밤
우지끈 쿵 소리내며
창문에 검은 그림자 하나 쓰러집니다
두려움에 뜬눈으로 밤을 지샌 후
뜰에 내려가 보니
복숭아나무가 쓰러져있습니다
태풍에도 끄떡없던 20년 된 나무가
그깟 비바람에 넘어지다니…

깜짝 놀라 주저앉아 살펴보니까
밑동 속이 부석부석 썩어있네요
손으로 만져보니 재와 같은 몸
내 숨소리에도 흩어집니다
나는 그냥 눈물을 쏟았습니다
저 새카만 속으로 살아있었네요
봄에는 꽃을 피워 기쁨을 주고
여름엔 열매 맺어 행복을 주니
가을 붉은 잎을 보고도 좋아만 했네요
아프다 살려 달라 말했을 텐데
어찌 그리 몰랐을까요
한밤 외침을 몰라준 때늦은 미안함에

아직도 푸른 잎을 만지고 또 만지고
하염없이 눈물만 떨구고 또 떨굽니다

힘들고 괴롭고 절망이다 싶을 때
복숭아꽃을 보며 위로 받았고
맨몸으로 눈비 맞으면서도
봄을 기다리는 너의 모습에
나도 희망 품고 견딜 수 있었는데

푸른 잎 가득 안고 쓰러진 복숭아나무가
내게 일러줍니다
겉만 봐선 모르는 게 사람뿐만 아니라고
속을 모르는 게 사람만이 아니라고요

살구꽃

봄비 맞으며 새순 움트고
따스한 햇살에 꽃봉오리 팝콘처럼 터지네
바람 불어오니 흩날리는 꽃잎들
꽃잎 주워 수반에 담아 놓고 후우우
내 콧바람에 빙글빙글 춤추는 꽃잎

꽃향기로 내게 온 너
아픈 추억 남겨놓고
꽃비 되어 떠나가네

장미 앞에서

푸르른 오월 한낮
붉은 장미 한 송이 피어 있다

꽃향기가 바람 타고
나를 부른다

어찌 이 장미는
꽃을 준 사람보다

주지 않은 사람을
더 생각나게 할까

내 사랑 북한산

아직 깜깜한 밤 뜰에 서서 널 바라본다
어둠이 남아있는 새벽
뿌연 안개에 가려진 네 모습
눈을 감아도 보인다 들린다 느낄 수 있다
네 품속에서 숨어 피던 꽃들
높디높은 암벽의 검은 눈물자국
골짜기를 흐르던 바람 바람소리

한때는 봄여름 갈 겨울 너를 찾아 달려갔지
아침 태양을 맞으러 가기도 하고
저녁노을을 보기 위해 오후 산행을 하거나
달 밝은 밤에는 야간 산행도 했었다

꽃이 피면 꽃이 핀다고
여름 오면 무성한 녹음을 찾아
갈에는 아름다운 단풍에 취해
겨울엔 나목 위에 앉은 눈꽃을 보러
굽이굽이 봉우리봉우리 내 발길 안 닿은 곳 없었지
높디높은 백운대의 태극기처럼
온 세상을 내려다보며 휘날렸었다

곳곳에 풍기던 들꽃향기
꽃보다 아름답던 절벽의 노송들
사철 푸르른 소나무
서걱서걱 갈잎의 노래 들으며 함께 걷던 길
그립다 그립다 그립다

세월 흐르고 지금은 오를 수 없지만
너 항상 그곳에 있고
내 맘 변함없으니 됐다
바라만 봐도 좋다
북한산아…

서오릉

"지나는 길
얼굴만 보자
10분 뒤 도착!"

성격 닮은 그의 카톡에
동짓날 침대에 누워 게으름을 피우던
나는 용수철처럼 일어났다

물 티슈로 고양이 세수에 립스틱만 바르고
모자 눌러쓰고 코트는 들고
한 손에 휴대폰 쥔 채 구두를 신자
정확히 10분
그가 나타나 '지나는 길에…'하며 내미는 손을 잡고
바쁘다는 그의 말을 흘리며
난, 서오릉 했다

분명 점심시간을 냈을 것
아침도 안 먹었을 터
예약한 연잎 밥집 별실로 안내하며
'밥 먹어, 늦지 않게 보내줄 테니…'했다
따끈한 된장에 밥을 먹던 그는

포기인지 체념인지 모를 미소를 지으며
대낮 소주까지 한 잔 한다

낮술 탓인가 가야한다던 그는
내 손을 제 주머니에 넣고 서오릉을 향해 걸었다
장희빈 묘를 지나고 언덕을 오르고
걷고 또 걷고

취기 탓인지 추위 탓인지
붉어진 얼굴
주머니 속 깍지 낀 두 손에선 땀이 흘렀지

세월이 흘러 다시 찾아온 겨울
가을이 떠나고 낙엽 뒹구는 서오릉
붉은 단풍잎 하나 앙상한 가지에 매달려 흔들리고
있다

세월은 가고 추억만 남아
둘이 걷던 길을 혼자 걷는다

노을에 물들다

분오리돈대 위에서 저녁노을을 바라본다
붉은 태양이 바다 너머로 사라진 뒤에도
아름다운 석양빛은 구름 속에 남아
발걸음을 떼지 못하게 한다

어떻게 살아야 하나
나는 지금 잘 살고 있는 건가
자신에게 묻고 또 묻던 질문의 답이
수평선 끝으로 사라져 가는 일몰 속에 있다
이젠 아침 햇살처럼 눈부신
한낮의 태양처럼 뜨거운 삶은 원하지 않는나

다만 내 황혼이 바라보는 모두의 가슴에
아름다움을 남겨 주는 저녁노을처럼
따뜻하게 따듯하게 물들어가고 싶을 뿐

* 분오리돈대: 강화도 동막리에 있는 조선 숙종 때 성벽 누대

소나무에게 묻다

춥다 싶은 늦가을
비바람에 날려
사철 푸르름을 자랑하는
소나무 가지 위에 떨어진
붉은 단풍

소나무야
너 아프도록
핏빛으로 물들어본 적 있니?

통곡(慟哭)

시커먼 구름이 비를 안고 몰려온다

눈처럼 하얗던 구름이 잿빛으로 변하더니
흙빛 덩어리 되어 푸른 하늘을 덮고
번쩍! 蒼空을 가르는 불빛
얼마나 참았던 설움인가
우르릉 쾅쾅 소리와 함께
온 세상 터져 넘치도록 퍼붓는 빗줄기
근심 걱정 없어 보이던 구름의 慟哭에
눈부시던 태양도 숨어버리고

내 눈물도 흘러흘러 온 땅을 적신다

뭐라고 부를까

가을이라기엔 너무 춥고
겨울이라 부르기엔 아직 이른
가을도 아닌 것이
겨울도 아닌 것이
내 맘을 흔든다

친구도 아니고
연인은 더 더욱 아닌 듯한
너와 나처럼
이름 부르기 애매모호한
입동(立冬) 아침

바람 불다

겨울 산을 오른다
등을 보이며 누워있는 바위
함께 밤을 보내고도
남남처럼 서 있는 나무
골짜기로 몰려와
뒹굴며 부벼대는 낙엽들
깎아지른 절벽 위
홀로 푸르른 노송

모두 다 제 인생을
제 각각 살고 있다
정상에 올라
상념 가득 담긴 배낭을 풀어
미련까지 날려버린다

한결 가벼워진 삶의 무게를 메고
산을 내려온다
바람이 분다
살아봐야겠다

바람이 되다

에어컨 필요 없습니다
선풍기조차
분합문 열어 놓고
방충문도 제치고
샤워한 몸 등받이 의자에 누이고
가녀린 백일홍허리를 흔드는
바람을 느껴 봅니다
파란 하늘에 하얀 구름을 펼치는
바람의 소리를 들어봅니다
여리디 여린 연분홍 일일초 잎을 떨구는
바람의 향기
가슴 속으로 스며들 때쯤
나는 눈부신 햇살
뜨거운 태양을 향하여 날아갑니다

바람이 되어
바람이 되어

겨울 꽃에게 배우다

서리 맞은 국화
흰 눈 속의 황금빛 복수초
한겨울의 붉은 동백
고드름 아래 매화
봄보다 먼저 달려온 수선화…

차가운 햇살 받아 피는 꽃들
따스한 봄, 무성한 여름, 갈 볕을 마다하고
춥디추운 겨울날 활짝 피어 웃고 있다
여린 모습 속에 숨어있는 고운 자존
끝내 피고야마는 그들의 오만 속에
지조 높은 품격이 풍긴다

나도 저들처럼 피어 외치고 싶다
나 살아 있다고

겨울 장미

차디찬 햇살을 품고 한껏 부풀어 오른다
꽃망울 터트릴까
겨우내 잠 못 들며 뜰의 기척에 귀 기울인다
첫눈을 가득 안은 꽃봉오리

바람도 없는데
가느다란 허리는 중심 못 잡고 흔들린다
불안한 꽃봉오리
빙산처럼 단단하게 얼어간다

아침 태양빛에 뿜어져 나오는 뿌연 숨
살아있나, 가까이 가보았다
눈물 머금은 붉은 꽃망울 위로
뜨거운 내 눈물 흐른다

하늘과 땅 사이에 외로운 장미 떨기
도대체 어쩌자고 한겨울에 피려 했을까
오늘밤 장미의 꿈은
밤하늘의 별이 된다

눈꽃

눈이 온다
끝 모를 아득한 허공 속에서
깊이를 알 수 없는 심연 속으로 뛰어온다
달려온다
춤을 추며 날아온다
사라지기 위해
부서지기 위해
불꽃이 되어 온다

마중 길을 나선다
길이 없다
전부 길이 된다
맨몸으로 눈을 맞는 산
나도 나무가 된다
바위가 된다
숲이 된다

움켜쥔 손 안에서
그대로 녹아
빠져나가는 눈… 물

세월보다 빠르게 흘러내리고
돌아서던 맘보다 차갑게 부서진다

흔적조차 없이 사라질 것을 알면서도
뛰어오고
달려오고
춤을 추며 날아오는 눈
저 무모함에는 답이 없다

꽃길 저 끝
내 몸뚱이
그리움 안고 뛰어든다
하얀 눈꽃 속으로

사슴 눈으로

아름다운 저녁노을이 수평선을 물들이면
모가지가 길어서 슬픈 짐승 노천명의 사슴은
아득히 먼 옛날 드넓은 벌판의
굶주린 사자 고독한 늑대들에게 쫓기며
푸른 초원을 내달리던 향수에 젖는다

잃어버린 날들
그리운 벗들
영원 속에 비밀을 담은
검고 깊은 눈동자
슬프디 슬픈 눈동자여
구슬픈 눈동자여

달

밤하늘의 둥근달
보고 싶다 생각하니
더 높아만 가고
그립다 그립다 하니

구름 속으로 얼굴 감추네
하고 싶은 말 하지도 못하고
목 아프게 바라만 보다
어느새 아침이 되었다

비 뿌리고 어둠 걷히니
달도 밤도 가고 없는데
창밖엔 눈부신 햇살
바람만 분다

湖水의 꿈

어둠이 남아있는 새벽에 잠든 너를 들여다본다
흐르지도 못하고 떠날 수도 없는 동그란 감옥
절망 같은 어둠을 견디고 침묵으로
침묵으로 맞이한 아침
들꽃 억새 나무들 하늘과 구름까지도
네 안에 다 들어있다
작은 몸속에 어찌 저리 넓고 따뜻한 가슴이 있었을까

긴긴밤 세상 모든 것을 가득 품고는
급기야 불덩어리 아침 해까지 끌어 안는다
고요함 어디에 저 狂氣의 熱情이 있어
뜨거운 태양 받아들이는가

온몸을 붉게붉게 물들이더니
드디어 승천하는 용처럼
물안개 피워 하늘로 올라가네
하늘로 하늘로 올라가네

5부

불쌍한 영혼

가고 오는 情

새까만 나목가지 마른 낙엽 속에서
연초록 생명들이 아우성을 치는 봄날
뒷산에 올라 나물을 뜯는다
가시나물 홑나물 세고비 개망초 산뽕잎…
돌아오는 길섶의 쑥까지

검불 골라내고 다듬어 데치니
온 집안에 풍기는 봄내음
나 혼자 맛보기엔 너무 아까워
봉지봉지 봄을 담아
친구 집으로 달려갔다

식탁 위에 봄 향기 풀어놓고 돌아오는 길
내 배낭 속엔 사과 과자 보약 엑기스…
명품 바바리 봄나들이 옷까지 가득 담겨 있다

콩 한 줌 갖다 주고
쌀 한 말 메고 왔네

불쌍한 영혼

천 원 한 장 쓰는 것도 가계부에 적으며
알뜰살뜰이 넘쳐 궁상맞다는 소릴 듣는 내가
주일 헌금으로 선뜻 만 원을 내고
성전건립 기금으로 몇 백을 헌납하면서도
믿음이 부족하다고
믿음이 부실하다고
무릎 꿇고 고백성사를 본다

옷 한 벌 사는 것도 망설이며
가고 싶은 여행 포기하고
먹고 싶은 것 참아가며
성전 건립 기금 내고
주일 헌금을 하면서도
굳센 믿음 달라고
굳센 믿음 달라고

가슴을 치며
눈물 콧물 흘려가며 기도를 한다
주님… 이 불쌍한 영혼
어쩌면 좋을까요

바라만 본다

뭐해?
뜨개질
넌?
걷고 있어

생각할 게 많으면 그는
밖으로 나가 세상 속을 뛰고 달린다
나는 고민이 생기면 현관문을 잠그고
방안에서 실뭉치를 찾아 뜨개질 코를 잡는다
그가 몸을 혹사시킬 때
나는 맘을 가누고
땀을 흘리는 그와 반대로
호호 불며 뜨개질을 하는 나

이렇게 다른데
어찌 함께 살겠니…

나쁜, 좋은, 이상한

너를 사랑한다면서 만리장성 쌓더니만
삼 년 넘게 소식 한 줄 말 한마디 없이
침묵만 지키는 나쁜 넘

날 좋아한다고 네가 좋다며 잘 지내냐
괜찮냐 영화 보자 달려오고 밥 사주고
또 만나자 손 흔들며 배웅하는 착한 넘

당신이 그립다며
휴대폰 저 너머 이불 속에서 세레나데 불러주며
일 년 열두 달 삼백육십오 일
보구 싶어 죽을 꺼 같다고 말만 수백 번
신발 끈도 못 매는 이상한 넘

좋은 놈과 영화보고 이상한 놈 노래 들으며
나쁜 놈만 생각하는 나…

꿈 깨다

고무신 거꾸로 신었다고 그럴 수 있느냐고
너는 화도 안냈었다
말 한마디 없었다

잘 지낸다 잘 있느냐 편진 주고받았어도
사랑한다 결혼하자
그때 우린 아무 약속 없었었잖아

느닷없이 군대 간다 창문 한 번 두드리고
기다리란 말도 없이 떠나버리고서는
이제 와서 어쩌라고 내 맘 흔드는 건지

30년 뒤 다시보자 나도 잊은 그 약속을
너는 들고 나타났다 한 번 보자고
현모양처 요조숙녀 손자 보던 할머니가
어쩌라고 따지듯이 혼자 투덜대면서도
저녁준비 하다말고 뛰다시피 달려가네

젊음이 넘쳐나는 신촌거리에서
30년 세월은 흔적 없이 사라지고
너와 난 스무 살이 되어버렸다

<

흰머리를 보면서도 서로 나눈 첫인사가
옛날 그대로다
호호 깔깔 허허 껄껄

어쩜 우리가 타임머신 탈 줄이야
그때처럼 밥을 먹고
그때처럼 영활 보고
그때처럼 들어간 노래방에서
너와 내가 부르는 건 30년 전 옛 노래들
흐르는 세월 따라 함께 흐른 너와 나
청춘 남녀 간 곳 없고 열정 용기 이젠 없네

세월 탓을 한들
신발 탓을 한들
이제와 화를 낸들
달라질 것 하나 없다
우리에겐 현실만이 있을 뿐이다

행복한 동창회

칠순의 친구들이 만났다
호호호 허허허
잘난 척 있는 척 강한 척 하는 친구
못난 척 없는 척 약한 척 하는 친구
우리 나이쯤이면 척하면 삼천리라
척 보면 알지만
깔깔깔 껄껄껄
강산이 변하는
세월 세월을 흐르고 건너서 만난
척척박사 할매 할배들
알아도 모른 척
몰라도 아는 척이다

호호 허허 깔깔 껄껄
행복한 동창회

암을 친구처럼

멀쩡하던 친구가 건강검진을 받더니 암이라 했다
내 발로 걸어 들어간 병원에서 나오지 못하고
눈동자에까지 주사를 맞아가며
최고의 아픔을 경험하고
견딜 수 없는 고통을 감내하더니
평생 모은 재산 병원비로 다 쓰고
일 년여 만에 수수깡처럼 말라 죽었다

보여주기 싫다고
네 맘까지 아프게 하고 싶지 않다고
병원 안에서 꼭꼭 숨다시피 견디다
어느 날 '나는 간다…'며 소식을 보내왔다

의사친구는 그를 보내고 술 한 잔에 취한 척
누가 들을까 비밀을 털어놓듯 소근소근 말했다
다른 건 몰라도 우리 나이에 암은 말이야…
암은 빨간 사과 속에 생긴 까만 점 같은 거야
익을 대로 익은 능금 속 깊은 곳에 까만 점
인생 70 넘었으니 찾지 말고 건드리지 말고
같이 살다 죽는 게 나아
친구처럼 같이 살다 가는 거야

그리운 얼굴

잊을 수 없다고 잊지 않겠노라고 다짐했었다
세월 흘러도 잊혀지지 않을 거라 생각했고
두 맘 변치 않는다면
멀리 떨어져 있어도 만나 볼 수 없어도
네 눈동자 내 눈망울 속에 담아둔
너와 나의 추억만으로도
우리는 언제든지 어디서든지
행복할 수 있을 꺼라고 믿고 살았는데
어느 날부터 뿌연 안개처럼 너의 모습 흐려진다
네 얼굴이 이제 꿈속에서도 보이지 않네

눈에서 멀어지면 마음에서도 멀어진다는
옛말이 맞는가 보다

궁상

유행 지난 옷, 입을 일이 있을 거야
자리를 뭐 얼마나 차지한다고…
장롱 속에 다시 넣는다

부엌의 오래된 그릇들, 급할 땐 그래도 쓰게 되는 걸
아쉬우면 또 찾게 된다며
찬장 아래 안 보이는 곳으로 숨긴다

발에도 살이 붙는지 신을 때마다
발가락 아프게 하는 구두, 외출할 때 잠깐인데 뭘
경조사가 날마다 있는 것도 아니고…
신발장 구석에 고이 모셔 놓는다

손주가 먹던 음식
에미도 버리는 것을 남긴다고 먹고
아깝다고 얼른 입에 넣는다

헤어진 지 오래
연락조차 까마득하고 얼굴도 가물가물
목소리조차 기억에 없는데
혹시나 혹시나 하고 목 빼고 기다린다

그의 목소리

비 그치고 바람 부는 오후
뜰에 내려가 풀을 뽑는다
며칠 동안의 장맛비에
꽃보다 더 커버린 풀
잔디 사이사이 자라난 잡초들을
뉘를 골라 내 듯이 솎아낸다
홀씨 날리는 민들레
푸르게 터를 잡은 토끼풀까지
한 움큼씩 한 움큼씩 뿌리째 뽑아버린다

어느새 분꽃이 피는 저녁
던져진 풀더미 속에서 들려오는 목소리
"왜 난 안 되는 거니?"
꿈속인 듯 다시 또 들려오는 그의 목소리
"왜 우린 안 되는 건데?"

껄 껄 껄

그립다 할 껄
보고 싶다 말할 껄
그냥 만나줄 껄
널 두고 떠나지 말 껄
미워 말 껄
화내지 말 껄
참아줄 껄
한 번 더 붙잡을 껄
언제까지고 기다린다 말할 껄
내게 다시 돌아오라 떼쓸 껄
널 사랑한다고 너 없인 못산다고 매달릴 껄

만약 그때 내가 그랬더라면
후회도 회한도 없을까
다 부질 없는 일
우리네 인생에 가정(假定)은 없다

어쩌란 말이야

잘 지내나 그립다, 하면
말로만 한다, 하고
보고 싶다 만나자, 하면 뒷걸음을 친다
좋아한다 친구하자, 하면
꽃 한 송이도 없네, 하면서
사랑한다 연애하자, 하면 냅다 도망가니
도대체 어쩌라는 건지
손잡고 걸어보자, 하면
뽀뽀는 언제 하려나, 하면서
한 번 안아보자, 팔 벌리고 다가오면
짐승 보늣 놀아선다

도대체 어쩌란 말이야

노파심

잘 지내는 지 궁금했다
별일 없겠지
기도하는 마음으로 살았다
석 달 열흘 무소식에
걱정 불안 불면까지
혹여 내 잘못은 없는지
지난 언행 되돌아보며
백여 일을 기다렸는데
모든 염려가 내 오지랖
나의 노파심이었다

알량한 네 자존심
흔들리던 내 자존감

다행이다
감사하며 미련을 떨궈버리련다

방황 끝

이건 아니다
이건 아니지
넌 매사 너무 깊이 생각하는 게 병이야

오래 전 등 떠미는 내게
그가 한 말이다
그 후
무겁지 않게 살자
심각하지 말자 하다 보니
내가 너무 가벼워진 것은 아닌지
요즈음 또 깊어지는 생각들
이렇게 살아도 되나
이게 아니면 뭔데
답을 찾아 방황하는 내게
겨울 호숫가를 걷는다는 친구 왈
답은 그때그때 다를 수 있지만
기로에 섰을 때 내 마음 더 가는 곳이 내 길
내 선택이 답이란다

정답 없는 질문에 명답을 내놓는다
내 인생은 나의 것

사랑은 아무나 하나

비 그치고 어둠 내리는 뜰
노을 꼬리가 남은 삶인 양 찾아들고
감나무 가지 사이로 갈바람이 세월을 몰고 간다
내 맘 같던 붉은 감잎 후두득 떨어져
차디찬 돌멩이 위에 내려앉는다
담 밑 돌 한 개 주워 두 손으로 감싸니
섬뜩하게 냉기 돌던 돌
손 안에서 따뜻해지고 내 몸은 서늘해진다

물기 남아 미친 듯 번뜩이는 빨간 감잎을
새카만 돌 위에 올려놓았다
젖은 감잎이
온기 남아있는 돌 위에서 숨을 쉰다

감잎만 떨구고 떠나버린 바람
맘 변하듯 다시 식어가는 돌
바람 따라 가고픈 마음이 돌처럼 굳어진다

사랑은 아무나 하나

오늘도 거울을 보며

너무 착하려고 하지 마
지나친 친절과 넘치는 배려는 이제 그만

눈치 보지 마
넘겨짚지 마 짐작하지 마
당당까진 아니래도 주눅 들지 말고
의심하지 마 믿어! 자신감을 가져

상대방을 존중하고 나도 존중 받고
오지랖도 적당히 하고 분수를 지키자

앞서는 것보다 뒤에서 따라가는 것도 괜찮아
뒤쳐지진 말고 너무 설쳐대지도 말자고
진심으로 진정성 있게
과(過)함은 모자람만 못하다 했다
지나치진 말자
맘 편한 게 제일이니
상대 맘도 다치지 않게
너도 좋고 나도 좋게

그게 힘들겠지만 노력하며 살자

널뛰는 마음

양심을 찌르며 慈善을 강요하네

그녀의 달변 앞에
내 자식한테는 천원도 아끼면서
십만 원 봉투를 미안한 듯 내놓는다

돌아오는 길
나는 늦은 점심을 라면으로 때우고
그녀는 내 돈으로 스테이크를 썬다

善한 일을 하고도 하루 종일
천국과 지옥을 널뛰는 마음
그녀는 웃고 나는 울면서
고백성사를 본다
흔들리던 믿음 참회까지 하면서…

나잇값

나이 70이 넘으면
돈도 학벌도 인물도 명성도
다 거기서 거기
그놈이 그놈이라는 말이 있다

칠순을 넘긴 나이에
성격은 칼
속은 밴댕이
자존심이 송곳이면
부끄러운 꼴
사람 아직 덜 된 거라는데

80고개 바라보며
나 잘났다
너 잡아먹을래
자신만 아는 노인네는 되지 말아야지

옹고집 할배 할망구 되면
똥이 무서워서 피하랴 더러워 피하지
곁에 아무도 안 온단다

'범(虎)이다!'가 아니고 '변(便)이다' 한다지
마음을 넓게 웃음을 많이
정주고 마음 주고
사랑하고 용서하며
나잇값은 하고 살아야지

내 안의 나에게

귀뚜라미 우는 새벽에 일어나 앉아
'이렇게 살아도 되나'하고 생각한다
다시 또 시작되는 질문
동트는 아침까지
지금 이대로 괜찮은 거냐구?
끝없는 질문에도
거울 속 낯선 여자는 답이 없다

한낮의 자유 - 평화 - 풍요
그리고 익숙해진 게으름

다시 또 묻는다
이건 아니잖아?
이게 아니면 어떻게 살고 싶은데?
어떻게 살고 싶냐구?
愚問에 賢答은커녕 여인은 입조차 뻥긋 못한다
도대체 너는 누구니?

Single이 죄(罪)

너의 웃음이 준다는 건지
너의 눈물이 달라는 건지 착각스럽단다
농(弄)이 넘치시네
나도 혼란스러워
有口無言이다

남편을 보내고 죽마고우 부부 앞에서
맘 편히 울 수 있어서
맘 놓고 웃을 수 있어서
부르면 일손을 놓고 달려간 건데
착각을 혀?
뭐, 혼돈스러워?

홀로된 며느리가
울어도 가슴 아파하시고
웃어도 가슴 아파하시던
어머니, 어머니…

生과 死

동창 부음(訃音)을 듣고
밥 먹고 커피를 마시고 단잠을 잔다
몸에 좋다는 영양제를 찾고 과일을 챙기며
뭘 더 먹을까 고민을 한다

사람이 죽었다는데
술을 마시고 내 할 일 다 하고
뭘 입고가지…, 옷 걱정을 하더니
가야 하나 말아야 하나 발걸음까지 망설인다

왜? 친구가 죽었다는데
슬픔보다 궁금증이 먼저다
내가 죽어도 친구들은 밥을 먹고 커피를 마시고
'가? 말아?' 하려나…
눈물은 나중이고
'왜?' '어쩌다?' 하겠지

느긋이 모여와 삼삼오오
장례식에서의 만남들을 반가워하며
안녕 바이 바이
하하 껄껄 웃겠지

작품 해설

어른들 위한 시로 쓴 동몽선습(童蒙先習)

-김순진(문학평론가·은평예총 회장)

• 작품해설 •

어른들을 위한 시로 쓴 동몽선습(童蒙先習)

김순진(문학평론가 · 은평예총 회장)

평소 알고 지내던 이흥순 선생님께서 시집을 내러 오셨다. 우선 나는 그동안 단아한 외모에 겸손하신 말투를 봐오며 우리네 어머니의 표상 같다는 생각을 떨쳐버릴 수가 없었다. 뭐랄까? 신사임당 같은 이미지라고나 할까? 한국여인의 이미지에서 풍기는 이흥순 선생님의 느낌은 따스하고 정감 가는 이미지지만 뭔가 범접 못할 아우라가 느껴졌던 것도 사실이다.

그런 느낌은 어디서 오는 걸까? 나는 늘 궁금증을 가지고 있었지만 깊은 대화를 나눌만한 기회가 없어 그냥 맘속에서부터 올라오는 '좋은 분'이란 이미지를 품고 있었다. 그런데 이흥순 선생님께서 가지고 오신 시집이 담긴 USB를 내 컴퓨터에 꽂고 시집 원고들을 다운받아 시집 분류작업과 교정 작업을 통해 그동안 이흥순 선생님께 느낀 아우라의 근원을 깨달았다. 나는 선생님의 시집을 분류하면서 여러 번 무릎을 쳐야만 했다.

우선 이홍순 선생님께서 얼마나 바른 정신으로 정도를 걸어오신 분인지를 깨닫게 되었다. 이홍순 시인의 마음 안에는 절제와 겸손이라는 굵고 단단한 구조물이 자리하고 있어서 허영이나 모순을 좇지 않을 귀한 비법이 들어있다. 사랑하는 마음은 가지되 가벼이 행동으로 휩쓸리지 않으며, 늙어가되 슬퍼하거나 침체되지 않으며, 홀로이되 당당히 사는 방법이 이 시집 갈피갈피에 들꽃처럼 피어져 있다.

따라서 나는 이 시집이 단순히 감상만을 운운하는 시집이 아니라 아름다운 노년을 살고 싶은 어른들이 꼭 읽어야만 하는 훈육서 같은 책, 즉 어른들을 위한 동몽선습이라 말하고 싶다. 동몽선습이란 옛날 한문을 위주로 배우던 시절에 사람들이 가장 먼저 공부해야 할 청소년의 지침서 같은 것인데, 나는 이 시집이 노년의 지침서가 아닐까 생각한다.

게다가 이홍순 시인은 언제 시를 그렇게 배웠는지 책장을 넘길 때마다 현대시적 서술과 어조, 다양한 추상, 환유, 상상 등의 이미지기법, 그리고 추론, 역설, 패러독스, 아이러니 같은 수사법을 통해 독자로 하여금 시에 있어 꼭 필요한 한 방 즉, 카타르시스를 맛볼 수 있게 해준다.

그러면 이홍순 시인의 시를 한 편 한 편 읽어가면서 이홍순 시인의 시세계를 여행해보자.

만 보 걷기 산책을 끝내고 돌아오는 길
재래시장을 들렀다
좌판대 귀퉁이에서 마늘을 까고 있는 남자
쪼그리고 앉아 쪽파를 다듬는 할아버지
상추에 물을 뿌리며 야채 정리하는 아저씨

남사스럽다고 체면이 말이 아니라고
부끄럽다 하지 못하던 일들이
이젠 흔한 풍경이 되었다

장바구니 들고 아내 뒤를 따라다니며
유모차를 끄는 젊은이
출근길 음식물 쓰레기봉투를 들고 나오는 남편들
재활용 쓰레기 버리는 날은
아파트 남자들 상견례 날이다

아름다운 모습
e 편한 세상 부럽다가도
e 변한 세상
씁쓸해지는 나는 할머니

-「e 편한, e 변한」 전문

이 시는 일종의 패러디기법의 시다. 보통 나이든 시인들의 시가 대개 회상류인데 반해 이홍순 시인은 '패러디'나 '인유' 같은 전문화된 시적 기법을 사용하고 있어, 시를 좋아하는 수준을 넘어 전문 시인의 꿈을 열심히 준비하고 있었다는 가정을 가능하게 한다. 신춘문예에 당선하거나 등단하게 되면 시집을 내리라고 한 시가 이 시집 어디쯤에 들어있는데, 그 말이 빈말이 아니었음을 우리는 이 시 「e 편한, e 변한」에서 확인할 수 있다. 우리 주변에는 'e 편한 세상'이란 아파트가 많다. 아파트 이름이 그렇지만 아파트뿐만 아니라 생활 전반에 걸쳐 정말로 'e 편한 세상'에 살고 있다. 여기서 'e 편한 세상'이란 인터넷이 가능하고, 인터넷에 의해 움직이는 세상을 말한다. 혹자들은 '이[齒] 편한 세상'이라며 믹서기와 주서기 등 있어 이빨 없이도 살 수 있는 세상을 들먹거리기도 한다. 그런데 'e 편한 세상'이란 밥통이 "백미취사가 완료되었습니다."라고 하거나, 세탁기가 "표준세탁을 시작합니다."라든지, 건조기가 "에어살균 건조를 시작합니다."라고 말할 때 우리는 신기해하며 세상 참 좋아졌다며 'e 편한 세상'에 대하여 박수를 보냈다. 그런데 그것은 전초전에 불과했다. 요즘은 자율주행자동차가 나오는가 하면 스마트폰으로 밖에서도 농작물의 물을 주고, 스마트폰으로 사육되는 가축들의 먹이를 주는 세상이다. 시간이 되면 사료가 나오고 시간이 되면 분뇨처리까지 알아서 해준다. 몇 년 전 바둑에서 세기의 대국이 벌어져 화제가 된 적 있다. 이세돌 9단과 구글이 추천한 컴퓨터프로그램 알파고 5단이 100만 달러의 상금을 걸고 대국을 펼쳐 세트스코어 2:1로 알파고 5단이 승리했다. 이제 컴퓨터의 발전은 어떻게 발전할는지 모른다. 'e 스포츠' 즉 컴퓨터게임 시장은 급속도로 발전해 세계의 젊은이들이 열광하고 있고, 최근 방탄소년단이 세계 음악시장을 석권한 것이나, 넷플릭스에서 방영된 '오징어게임'이 폭발적인 시청률을 기록한 것은 'e 편한 세상' 즉 손안에 스마트폰이 들려 있었기 때문에 얻어진 결과다. 칠순을 넘기는 이흥순 시인께서 이렇게 발 빠른 행보로 'e 편한 세상'에 적응하면서 'e 변한 세상'을 한탄할 수 있는 것은 시인이 과거만을 논할 것이 아니라 새로운 환경에 즉 낯선 기법에 적응해야만 젊은 독자를 확보할 수 있다는 측면에서 매우 고무적이라 하겠다.

천 리 만 리 달려간 간절한 손길을
벌레를 떨어내듯 뿌리치며 소리쳐 화를 냈다
누가? 교황님께서…

전 세계인이 보고 있다는 것을 깜빡하셨는지
만고에 없는 무서운 표정과 불안한 눈빛으로…
코로나를 탓하기엔 너무 놀라워

밤을 지샌 우리는
천하에 교황님이 어제의 잘못을 사과하시고
직접 대면 용서를 구했다는 뉴스를 보며
안도의 한숨을 쉬었다
교황님도 나와 같은 인간
잘못하고 참회하고 다시 또 가슴 치고
무릎 꿇고 기도하시네
내 믿음만 부실부실 넘어지고 깨지고

성사보고 일어나고
내 탓이다 내 탓이다
내 가슴만 멍드는 거 아니었다
배꼽의 때 나만 있는 거 아님을 그때 깨달았다
교황님의 분노는 우리 모두에게 희망을 주었다

- 「교황의 분노」 전문

2019년 12월 31일 바티칸시국에서 일어나서는 안 될 일이 일어났다. 교황은 그날 바티칸의 성 베드로 광장에서 신자들과 만나 인사를 나눴다. 아이들과 일일이 악수하고 뒤돌아서는 순간에 한 중년 여성이 그의 손을 세게 잡아당겼다. 교황은 잡힌 손을 빼내려 했으나 여의치 않자 얼굴을 찡그리며 불같이 화를 냈다. 그러고는 손바닥으로 여성의 손등을 두 번 내리친 후 자리를 떴다. 이 소식은 세계로 타전되어 일파만파로 퍼져나갔다. 세계의 모든 나라 뉴스에서는 이 소식을 톱기사로 다루었다. 천주교 신자였던 이흥순 시인은 아마도 그때 새해를 맞이하기 위해 성당에 있었던 것 같다. 많은 사람들이 교황의 잘못을 힐난했다. 교황의 자격을 폄하하기도 하고 천주교를 성토하기도 했다. 그러나 이흥순 시인은 교황의 분노로 말미암아 새로운 것을 깨달았다. 이흥순 시인의 말씀처럼 "교황님도 나와 똑 같은 인간"이다. 그래서 이흥순 시인은 "배꼽의 때 나만 있는 거 아님을 그때 깨달았다"고 말한다. 참으로 기가 막힌 표현이다. 요즘은 기술이 좋아 예전처럼 밥에 돌이 없고, 농약을 많이 쳐서 농산물이 벌레 먹은 자리 없이 깨끗하다. 게다가 유통구조의 발달로 너무나 많고 다양한 농산물이 가정으로 배달된다. 그러나 그러한 농업과 유통 발전은 우리에게 빨리 먹고, 자주 먹으며, 많이 먹는 경향으로 몰아간다. 그러니 비만이 생기고 건강에 문제가 되기도 한다. 나는 평소에 강의할 때 잘하는 말이 있다. '누구나 밥 먹고 똥 눈다.'는 말이다. 부자나 권력자들도 밥을 먹어야 살 수 있고, 뱃속에는 구린 똥이 들어있어서 일반인들과 똑같이 먹고 싸는 일을 해야만 명예도 부도 유지할 수 있는데, '얼마나 많이 소유하고 있는가?' 보다는 '얼마나 행복한가?'에 초점을 맞춰야 삶이 편안해진다는 뜻이다. 손을 잡아끄는 여자에 대한 교황님의 화냄은 당연한 것이다. 다만 사회적 위치가 교황이라서 드러난 것뿐이다. 나의 믿음이 부실한가에 대한 의심보다는 지금 믿고 의지하고 있는가가 더 중요하다. 자주 성당에 나가고 얼마만큼의 헌금을 하는 것보다는, 내가 진실로 하느님과 예수님과 성모마리아를 믿고 있는가에 대한 확신이 중요하다. 따라서 이홍순 시인은 독실한 가톨릭 신자라고 말씀드리고 싶다.

침대에 반쯤 누워
커튼 사이로 들어온 아침 햇살이
이불 끝자락에 머물다 방바닥을 지나 벽을 타고
천정으로 올라가는 것을 바라보며 커피를 마신다

창문 틈으로 바람이 들어와 커튼을 흔든다
뜰의 대나무들이 온몸을 흔들며
내는 쏴쏴 소리를 들으며
소파에 기대어 티브이를 본다

맛있게 구워진 고구마를
동치미와 함께 먹고 아점을 때운다
엊그제 사 온 책을 읽다가
소파에 누워 깜빡 단잠을 자고
맛난 콩밥에 고기 몇 점 구워
이른 저녁을 먹는다

다시 또 커피 한 잔…
따뜻한 물에 반신욕을 하면서 시 한 편을 생각하고
치즈 한 쪽을 안주로 술을 마신다
한 모금 한 모금
단풍처럼 붉은 와인을 넘기니
씁쓸 달콤한 행복에 온몸이 짜릿하다
알알한 취기로 밤이 깊어간다

이보다 더 좋을 순 없다

–「이보다 좋을 순 없다 · 1」 전문

지금 이홍순 시인은 행복하다. 비록 넉넉하지는 않지만 누구한테 돈 꾸러 가지 않아도 되고, 아이들 길러서 모두 결혼시켰으니 학비 안 주어도 되고, 외롭기는 하지만 남편이 돌아가셔서 안 계시니 잔소리 없어 좋고, 아무도 이홍순 시인을 힘들게 하는 사람이 없고, 주변에서 이홍순 시인을 힘들게 하는 요인이 사라졌다. 이 시집의 모든 시를 통틀어 이만큼 행복이 묻어나오는 시는 드물다. 이만큼 시의 궁극적 목적을 설명해줄만한 시도 드물다. 그래서 나는 이 시를 시집 제목으로 삼는다. 자본주의 세상은 모두 돈벌이와 결부되어 호칭이 붙는다. 판사, 검사, 변호사, 의사, 변리사, 공인회계사 등으로 대변되는 고액연봉자들, 소설가, 수필가, 자유기고가 등으로 대변되는 일가를 이룬 사람들로써 원고료나 책을 팔아 사는 사람들에 반하여 시인은 돈과 상관없이 인간의 본질에 관한 것에 대하여 고뇌하고 해결하고자 하는 사람이다. 이 세상 직업에는 수 없이 많은 종류가 있으며 사(士), 가(家) 등의 금전과 결부된 사람들과 달리 사람인(人)이란 접미사 글자 자(字)가 붙은 사람은 상대적으로 매우 적다. 그 예를 살펴보면 성인(聖人) 즉 예수, 석가모니, 공자, 소크라테스 등의 위대한 사람들과 철인(哲人) 즉 지치지 않고 무얼 해내는 사람들을 일컫는 말과, 시인(詩人) 즉 시를 쓰는 사람 등이 고작이다. 그러니 먹고사는 일에 달관하여 시를 쓴다는 것이 얼마나 위대한 일인가? 흔히 보통의 사람들은 시를 쓰는 사람이라고 하면 '가난하다'는 말을 먼저 떠올리게 되고, '시를 쓰면 밥이 나와 돈이 나와?'란 질문을 먼저 하게 되는데, 전문적으로 몇 십 년씩 시를 써온 사람들이라면 그 두 가지에 대해 해탈해있다. 우리 시인들은 애초에 밥이 나오거나 돈이 나오는 걸 바라고 시를 시작하지 않았다. 이 땅에 태어났으니 이름 석 자 남기고 싶었고, 가난할 줄 알면서도 좋아서 시작한 일이다. 세상이 점점 각박해지고 위아래를 몰라본다느니 '예의범절은 죽었다.'고 말하는 것은 모두들 대학에서 돈 버는 수단만을 가르치려 하기 때문이다. 철학과와 국문학과가 대학에서 사라지는 시절에 누군가는 '인간이란 무엇인가?', '삶이란 무엇인가?', '왜 사는가?'에 대한 고민을 할 사람들이 있어야 하는데, 우리 시인들만이라도 그런 고민을 해야 하지 않을까? 이홍순 시인은 그런 고민을 하면서도 그렇게 행복해하시니 뼛속까지 시인이 되신 것이 틀림없는 사실이다.

불면의 밤
나를 불러내는 이는 누구인가
어둠이 남아있는 새벽
푸르름 가득한 숲
하얀 꽃무덤 위로 안개비 내리면
불어오는 바람에 젖은 몸을 말리며
온 산을 돌고 돌아
내게로 오는 당신

유월이 오고 보름달이 뜨면
밤하늘별보다 더 빛나던 하얀 꽃 찔레꽃
찔레꽃 향기 안고 하늘로 가신 엄마

길고 긴 이별보다 더 아픈 그리움
보고 싶은 엄마
은하수 따라 흐르고 흘러
꽃향기로 날아드네

－「찔레꽃 엄마」 전문

요즘은 산업의 발달에 따라 옷에도 다양한 칼라와 문양, 그리고 지퍼, 단추, 찍찍이 같이 여미는 방식이나 롱패드, 점퍼, 가디건, 스웨터, 티, 나시, 트레이닝, 원피스, 투피스, 언더웨어, 아웃도어 등과 같이 계절에 따라 입을 수 있는 옷들이 너무나 다양하게 나와 있고, 헤어스탈일에서도 염색과 퍼머 등 다양한 헤어스타일을 하고 다니지만 예전의 어머니들은 치마저고리를 입으며 머리에 쪽을 찌는 일이 대부분이었다. 당시엔 염색기술이 발달하지 않음에 따라 무명치마저고리가 대세를 이루었는데, 그래서 외국인들이 이러한 우리의 옷 입는 풍습으로 보고 붙인 이름이 백의민족이란 이름이었다. 하얀 옷을 즐겨 입은 것은 좋아서 즐겨 입었던 것이 아니라 목화를 심어 무명이란 옷감을 스스로 만들었기 때문이고 베를 짜 삼베옷을 입었기 때문에 그리 불릴 수밖에 없었다. 어린 시절 어머니께서 직접 심어 수확한 목화솜을 넣어 솜바지를 만들어 주신 것을 입었던 기억이 있다. 그래서 들에 핀 찔레꽃은 마치 우리네 어머니들이 들에 나가 일하는 것처럼 보였고, 찔레꽃은 어머니의 이미지를 대신하는 꽃으로 시인들에게 즐겨 쓰였다. 봄철이면 나물을 하러 가신 어머니들은 다래 순이나 고비, 고사리, 명아주, 개망초 등의 산나물과 함께 찔레를 꺾어 오셔서 자녀들에게 주기도 했는데, 찔레는 보릿고개 시절 마땅히 주전부리가 없는 시골아이들에게는 삶거나 요리하지 않고도 직접 먹을 수 있는 먹거리였다. 이홍순 시인의 어머니는 아마도 유월에 돌아가셨나 보다. 그러니 "유월이 오고 보름달이 뜨면 / 밤하늘별보다 더 빛나던 하얀 꽃 찔레꽃 / 찔레꽃 향기 안고 하늘로 가신 엄마"라고 하셨을 터, 자식들을 위해 먹을거리와 입을 옷을 마련하느라 손발이 거칠도록 일을 하신 이홍순 시인의 어머니와 우리 대한민국의 모든 어머니들에게 감사의 인사를 올린다. 그런데 이홍순 시인은 어머니를 두고 '찔레꽃 어머니'라 하셨는데 이홍순 시인에게도 어머니와 똑 같은 찔레꽃의 이미지가 느껴진다.

삼복더위 속
칠순 넘긴 동문 아들 결혼 소식에
내 마음은 순간 타임머신을 탄다
청첩장 받아들고는 가슴까지 출렁출렁
며느리 맞는 친구에게 축하 인사보다
우연을 핑계로 보고픈 첫사랑 생각뿐
콤팩트에 볼터치까지 하고
예쁜 원피스에 굽 높은 구두도 신었다
신랑 신부 안중에도 없이
할매 할배들 동창회가 돼버린 예식장

반갑다 반가워 마스크에 가려진 미소
알길 없는 표정 그 눈동자
악수를 핑계로 잡아보려던 두 손
코로나19를 이유로 스쳐 지나가고
눈길조차 나누지 못한 채
금쪽같은 시간 어느새 흘러흘러
婚主부부 감사 인사까지 받고 나니

우리 모두 안녕, 안녕 인사를 했다
한여름 밤 꿈결 같았던 그와의 만남은
불발탄이었다

- 「한여름 밤의 꿈」 전문

사람은 누구나 첫사랑을 가슴에 안고 사나 보다. 나는 고등학교 때 첫사랑을 느꼈다. 손 한 번 제대로 잡아보지 못하고 편지 몇 번 주고받은 것이 전부인데도 나는 그 아이가 아직까지 가슴 속에 살고 있다. 지금 내가 사는 근처에 살고 있는 그녀는 내 맘에는 가끔 만나 밥이라도 먹으며 친구로 지내 싶은데, 그녀는 그러면 큰일이 나는 줄 아는 여자로 살았나 보다. 그 아이는 내가 문학의 꿈을 이룰 수 있도록 기초가 되어준 친구라 할 수 있다. 그러나 그 친구의 가정을 위해 나는 재회에 관한 꿈을 접었다. 이홍순 시인은 동창 아들의 결혼식에 우연을 핑계로 첫사랑을 만나고 싶어서 설레었다. 이 옷 저 옷을 입어보고 구두를 갈아

신으며 얼마나 설레었을까? 보통 사람들은 '할머니도 저렇게 설렐 수 있구나.'라고 생각하거나 '할머니가 주책이다.'라고 생각할 수 있겠지만 모두들 '마음만은 청춘!'이라고 말한다. 초등학교를 졸업한 지 60년이 흘렀어도 친구를 만나면 '야, 너'가 자연스럽게 나오고 동심으로 돌아가게 된다. 그래서 사람들은 인생을 일장춘몽(一場春夢)에 비유하기도 한다. 봄날 한 잠 자고 일어난 듯 인생이 가버렸다는 뜻이다. 말하자면 인생이 흘러갈 뿐, 감정이 흘러가지는 않는다는 말이다. 늙은 사람에게도 사랑하는 감정이 있고 사랑받고 싶은 소망이 있다. 사랑은 상대적이다. 너무 멀리 있는 외국 사람과의 사랑이나 너무나 나이 차이가 많은 사람과의 사랑, 건강한 사람과 장애자 간의 사랑, 죽음을 앞둔 사람과의 사랑 등은 이슈가 될 만큼 희소성이 있을 뿐 자주 일어나지 않는다. 그러나 동년배 간의 사랑은 언제나 가능한 것이고 가족들의 이해가 있다면 재혼이나 애인관계로의 발전은 건강과 활력에 매우 큰 도움을 준다는 연구결과도 있다. 이성 간의 사랑이라고 해서 무조건 성을 결부시킬 필요는 없다. 서로를 위로해주고 챙겨줄 수 있는 상대가 생기는 것, 잘 보이고 싶은 이성이 있다는 것만으로도 5년 이상의 수명이 연장될 수 있다고 한다. 동창 아들의 결혼식에서 첫사랑과의 만남은 불발되었지만, 설렘이라는 새봄처럼 고귀하고 생산적인 감정으로 인해 인체의 노화가 속도를 잃어버리고, 고목나무에 꽃이 피어나듯 생기라는 새롭고 희망찬 기운이 몸에 생겨나 건강에 큰 도움을 주게 되는 것이다. 꿈이 꿈으로 끝난 듯하지만 결코 꿈으로 끝난 것이 아니라 젊음유지로 재생산되었다는 점을 말씀드리고 싶다.

아직 깜깜한 밤 뜰에 서서 널 바라본다
어둠이 남아있는 새벽
뿌연 안개에 가려진 네 모습
눈을 감아도 보인다 들린다 느낄 수 있다
네 품속에서 숨어 피던 꽃들
높디높은 암벽의 검은 눈물자국
골짜기를 흐르던 바람 바람소리

한때는 봄여름 갈 겨울 너를 찾아 달려갔지
아침 태양을 맞으러 가기도 하고
저녁노을을 보기 위해 오후 산행을 하거나
달 밝은 밤에는 야간 산행도 했었다

꽃이 피면 꽃이 핀다고
여름 오면 무성한 녹음을 찾아
갈에는 아름다운 단풍에 취해
겨울엔 나목 위에 앉은 눈꽃을 보러
굽이굽이 봉우리봉우리 내 발길 안 닿은 곳 없었지
높디높은 백운대의 태극기처럼
온 세상을 내려다보며 휘날렸었다

곳곳에 풍기던 들꽃향기
꽃보다 아름답던 절벽의 노송들

사철 푸르른 소나무
서걱서걱 갈잎의 노래 들으며 함께 걷던 길
그립다 그립다 그립다

세월 흐르고 지금은 오를 수 없지만
너 항상 그곳에 있고
내 맘 변함없으니 됐다
바라만 봐도 좋다
북한산아…

- 「내 사랑 북한산」 전문

시인에게는 꼭 해야만 하는 몇 가지 역할이 있다. 부조리한 사회에 대한 고발의 역할, 역사적 사실에 대한 고증의 역할, 바위나 나무 등 지역기념물에 대한 증인의 역할 등이 그것이다. 그래서 은평구에 살고 있는 이홍순 시인이 북한산이나 서오릉에 대한 시를 쓰는 것은 매우 중요한 고증과 증인에 대한 역할을 하는 것이다. 시인은 지역 내에 산재하고 있는 역사적 사실이나 산, 오래된 나무, 큰 바위, 시냇물, 계곡 등에 대하여 관심을 가져야 한다. 그 이유는 다른 직업에 비해 예술인들이 비교적 쉽게 접근할 수 있는 까닭이다. 북한산에 대하여 문학과 미술, 음악은 각자의 표현방식으로 예술화할 수 있지만 의사나 상인이 북한산에 대하여 말할 수는 있지만 지속적인 방법으로 홍보하기는 힘들다. 그래서 시인이 시를 써서 가사로 만들고 작곡가가 그를 작곡하면 피아니스트 같은 연주가들이 연주를 하고 테너나 소프라노 같은 성악가들이 노래로 부르게 되는데 이를 공연장의 관계자들에 의해 공연하게 되고, 녹음 관계자들이 녹음이나 녹화를 하며 유통의 관계자들이 판매를 하거나 방송의 관계자들이 방송을 하여 보다 많은 청중에게 북한산에 관하여 홍보하고 칭송하게 되는 것이니, 시초인 시인의 역할은 매우 중요하다고 하는 것이다. 산은 우리에게 아낌없이 주는 나무와 같다. 늘 신선한 공기를 공급해주는 산, 새를 품어 새소리를 들려주고, 계곡을 품어 맑은 물을 수십억 년 보내주며, 땔감과 버섯과 나물 등 임산물을 보내준다. 게다가 사람들을 품어서 고난에 빠진 사람에게는 위로를, 새로 시작하는 사람에게는 용기를, 허약한 사람에게는 건강을 선물해준다. 북한산은 세계적인 명산이다. 북한산(北漢山)은 서울 강북구, 도봉구, 성북구, 종로구와 은평구, 그리고 고양시, 양주시, 의정부시 등 8개의 행정지역에 걸쳐 있는 경계에 있는 산으로 가장 높은 백운대는 높이가 높이 835.6m에 달한다. 북한산이라는 이름은 조선 후기 때 한성의 북쪽이라는 뜻에서 유래되었다. 북한산은 의정부와 양주에 걸쳐 있는 사패산, 도봉구와 의정부시에 걸쳐 있는 인수봉, 고양시와 은평구에 걸쳐 있는 백운대와 원효봉, 은평구와 종로구에 걸쳐 있는 문수봉과 족두리봉 등 23개의 봉우리를 안고 있는 서울경기 사람들에게는 없어서는 안 될 아버지 같은 산이다. 그런 산에 관한 시를 쓰고, 사랑하며, 함께 사는 일은 당연한 시인의 책무다.

시인의 꿈을 안고 먼 길을 찾아갔다
그의 시집을 사고
그의 시를 읽고
그의 시를 외우며

詩처럼 따뜻하고
詩語들처럼 정의로울 거라고
첫사랑을 만나듯
가슴까지 두근두근했다

오랜 기다림 끝에 나타난 詩人의
오만한 태도와 내려다보는 편견의 눈빛
반나절을 달려간 그리움을
만나준다는 적선의 말투

아아, 讀者를 만나는데 봉투까지 챙기는 손
詩와 詩人은 다르구나
돌아오는 길 흐르는 섬진강 물에
시인의 꿈을 던져버렸다

- 「詩와 詩人」 전문

이 시를 읽으며 많은 반성을 했다. 앞서 살펴본 바와 같이 교황도 사람이기에 화를 낼 수 있다. 시인 역시 건방을 떨거나 도가 지나친 언행을 할 수가 있다.

그러나 멀리 찾아간 독자에게 그렇게까지 대해야 했는지 시인인 나로서도 서운해진다. 그러면서 나는 그동안 시인으로 남에게 상처 주는 일을 하지는 않았을까 반성해본다. 시인이란 작은 돌 모난 돌로 엉성한 담장을 쌓아놓고 위선했다. 제 구멍이 숭숭 뚫린 줄 모르고 남의 바람을 막아주는 척 했다. 스스로 모나서 상처를 주는 줄 모르고 남의 상처를 치유하려 들었다. 모난 주제에 예쁜 호박 하나 올리려 했다. 붉은 장미 넝쿨 얹어보려 했다. 아래에다 꽃을 심어 치장하려 했다. 제 흉을 담장이넝쿨로 가리려 했다. 담장이 있어야 꽃이 피는 것이 아니듯, 담장으로 지킬 수 있는 것 또한 아무것도 없기에 이제 아는 사람들과의 사이에 쌓았던 견고한 마음의 담장을 허물어야 한다. 시인은 낮은 곳으로 흐르는 물이다. 시인은 푸르름으로 성장하는 나무다. 시인은 어두운 곳으로 손길을 뻗는 그림자다. 시인은 옹이구멍 사이를 통해 마루 밑을 비추는 한 줄기 빛이다. 따라서 시인은 오르지 못할 나무가 없는 꿈의 대명사다. 쳐다보지 말아야 할 나무나 산은 없다. 시인은 독자들에게 용기와 희망을 주고, 아픔과 상처를 치유하는 사람이다. 감싸고 아우르며 때로는 할 수 있다, 살아볼만한 세상이라는 용기의 말로 부추길 때 독자들은 새로운 용기로 다시 재기의 꿈을 꿀 수 있다. 이흥순 시인과 그 시인의 차이는 늦게 시작한 사람과 일찍 시작한 차이가 있을 뿐, 누가 더 훌륭한 시인이라는 정답은 없다. 그곳에서 상처를 받았다면 앞으로 나는 시인으로서 그렇게 대하지 않으면 된다. 한 사람의 독자가 귀하다. 어느 시인은 "한 사람의 진정한 독자를 위하여 시를 쓴다."고 했다. 앞으로 이 시집을 통하여 이홍순 시인을 좋아하는 독자가 생길 것이다. 그때 독자를 환대하고 차도 같이 마셔주고 밥도 나누어 먹으며 진정으로 독자와 함께 하는 시인이 되시길 바란다.

이렇게 해서 이홍순 시인의 시 몇 수를 읽어보며 그의 마음세계를 여행해보았다. 앞서 말한 바와 같이 이 시집은 어른들을 위한 동몽선습이라 말해도 틀린 말이 아니다. 이홍순 시인이 어떻게 해서 시인이 되셨는지 알겠다. 그렇게 많은 사유와 절제와 근신과 기도 등의 내공을 통하여 시인이 되셨던 것이다. 이 시집에는 늙어가는 사람들, 홀로 된 사람들, 마음이 곤궁해진 사람들의 대처법이 모두 들어있다. 이처럼 크고 넓은 사유의 시집을 우리 문학공원 출판사에서 출판하게 돼 너무나 기쁘다. 첫 시집의 출간을 진심으로 축하드린다.

이홍순 시집

이보다 좋을 순 없다

초판발행일 2022년 01월 25일

지은이 : 이홍순
발행인 : 김순진
편집장 : 전하라
디자인 : 김초롱
펴낸곳 : 도서출판 문학공원
등 록 : 2004년 3월 9일 제6-706호
주 소 : (우편번호 03382) 서울 은평구 통일로 633
녹번오피스텔 501호 스토리문학사
전 화 : 02-2234-1666
팩 스 : 02-2236-1666
홈페이지 : http://www.munhakpark.com
이메일 : 4615562@hanmail.net